Guide de démarrage rapide Kubernetes

2022

Nigel Poulton @nigelpoulton

nigelpoulton.com

À propos du livre

Cette édition est la version française du livre écrit par Nigel Poulton “Quick Start Kubernetes”. La traduction a été réalisée par Yoann Lechevallier.

Nous espérons que vous apprécierez ce livre et que vous aimerez Kubernetes!

Nigel Poulton

Couverture de **@okpaul**
twitter.com/okpaul

Table des matières

À propos du livre

Comme son titre l'indique, ce livre est un **guide de démarrage rapide** pour Kubernetes. L'objectif du livre n'est cependant pas d'avoir une couverture exhaustive de Kubernetes, mais d'en présenter le noyau ainsi que les composants les plus importantes. La présentation est faite aussi clairement que possible et d'une manière engageante. C'est aussi un excellent mélange de théorie et de pratique.

À qui s'adresse le livre

Ce livre est adressé à ceux qui ont besoin de se familiariser avec les principes fondamentaux de Kubernetes et aiment *apprendre par la pratique.*

Par example...

Si vous êtes un développeur et que vous avez besoin de comprendre en quoi consistent les conteneurs ainsi que Kubernetes, ce livre est fait pour vous. Cela vous sera d'autant plus profitable, si vous vous spécialisez dans des domaines tels que VMware, la mise en réseau, le stockage, les bases de données et d'autres disciplines informatiques traditionnelles. C'est même idéal pour les responsables informatiques et les architectes qui ont besoin de comprendre les concepts généraux et d'avoir une expérience pratique à leur actif.

Que couvre le livre

Vous apprendrez ***la raison d'être*** de Kubernetes, ***ce que*** c'est et ***quel est son avenir***. Vous apprendrez l'architecture d'un cluster Kubernetes, comment créer un cluster, metter une application en conteneur, la déployer, la casser, voir Kubernetes la réparer, la deployer à plus grande échelle et effectuer une mise à jour de l'application.

Lorsque vous aurez terminé, vous vous serez connecté à Kubernetes et serez prêt à passer aux étapes suivantes. Et comme le livre est un guide de démarrage rapide, vous serez à jour en un rien de temps.

Est-ce que ça fera de moi un expert ?

Non, mais cela vous lancera dans votre cheminement pour en devenir un.

Est-ce que je saurai de quoi je parle si je lis le livre ?

Oui. Enfin… au moins à propos de Kubernetes ;-)

Édition de poche

Une édition de poche de haute qualité est disponible sur Amazon dans autant de pays et territoires que possible.

Kindle et autres éditions de livres électroniques

Des copies électroniques peuvent être achetées auprès de :

- Leanpub.com
- Amazon

Un mot sur les majuscules

Tout au long du livre, j'utiliserai des lettres majuscules pour désigner les objets API Kubernetes. Wow, nous n'avons même pas commencé et je vous lance du jargon :-D

En termes plus simples, les *fonctionnalités* de Kubernetes telles que les Pods, les Services, les Maîtres et les Nœuds sont orthographiés avec une majuscule. Cela vous aide à savoir quand les termes utilisés sont relatifs à Kubernetes.

Oh, et sur le sujet du jargon informatique utilisé… Le livre essaye d'expliquer chacun des termes aussi clairement que possible.

Retours

Si vous aimez le livre et sa valeur ajoutée, soyez charitables et partagez votre amour en le recommandant à vos amis et en laissant une revue sur Amazon.

Les livres vivent et meurent par les revues et les évaluations d'Amazon, donc ce serait fantastique si vous pouviez en laisser une. Vous pouvez également rédiger une revue sur Amazon même si vous avez acheté le livre ailleurs.

Vous pouvez également m'envoyer votre opinion par courier électronique à `qskbook@nigelpoulton.com`.

A propos de l'auteur

Nigel Poulton (@nigelpoulton)

Bonjour, je m'appelle Nigel. Je vis au Royaume-Uni et je suis un accro à la technologie. En fait, travailler avec le Cloud et les conteneurs, c'est *vivre le rêve* pour moi !

Mon début de carrière a été massivement influencé par un livre intitulé *Mastering Windows Server 2000* de Mark Minasi. Après l'avoir lu, j'ai toujours voulu écrire mes propres livres pour pouvoir changer la vie des gens comme le livre de Mark a changé la mienne. Depuis lors, j'ai eu la chance d'être l'auteur de plusieurs livres à succès, dont *Docker Deep Dive* et *The Kubernetes Book*. Je reçois tellement de commentaires fantastiques sur mes livres que je suis passionné par la portée de mon travail et d'aider autant de personnes que possible.

Je suis également l'auteur de formations vidéo à succès sur Docker et Kubernetes. Mes vidéos sont réputées pour être divertissantes et parfois très amusantes (ce ne sont pas mes mots).

Si celà vous intéresse, une liste complète de mes vidéos est disponible sur `https ://nigelpoulton.com/video-courses`.

Sur mon site Web, nigelpoulton.com, vous trouverez également tous mes livres, mon blog, ma newsletter et d'autres choses que je fais.

Quand je ne travaille pas avec des conteneurs et Kubernetes, j'en rêve. Quand je ne rêve pas d'eux, je passe du temps avec ma jeune famille. J'aime aussi les voitures de sports américaines, jouer au golf, lire de la science-fiction et je soutiens le Sunderland AFC (la plus grande équipe de football au monde, nous traversons juste une mauvaise passe en ce moment).

Je suis toujours ouvert à étendre mon réseau de relations et à la recherche de moyens pour améliorer mes livres et mes vidéos. Alors n'hésitez pas à me suivre sur Twitter ou vous connecter à mon profil sur Linkedin.

- twitter.com/nigelpoulton
- linkedin.com/in/nigelpoulton/
- nigelpoulton.com

A propos du traducteur

Yoann Lechevallier

Yoann vit au Royaume-Uni avec sa famille depuis quelques années. Après avoir commencé sa carrière dans l'aéronautique, il a changé de trajectoire et s'est orienté vers l'IT. Depuis, il ne cesse d'évoluer dans ce secteur. L'innovation, aussi bien en termes d'infrastructure informatique, de langage de programmation ou d'analyse de données, le passionne.

La traduction du livre de Nigel est, non seulement un privilège, un moyen d'élargir ses connaissances, mais avant tout, l'espoir d'aider les lecteurs francophones à comprendre K8s et à l'adopter.

La version finale de ce livre a été rendue possible grâce au fantastique travail de relecture apporté par Guy Barrette et Tarek Djebali.

Nous espérons que les lecteurs apprécieront le contenu de ce livre et qu'il leur sera bénéfique à titre personnel ou professionnel.

L'application utilisée comme exemple

Comme ce livre est basé sur des exercices concrets, il est également accompagné d'un exemple d'application. C'est une application basique en JavaScript (Node.js). Elle est disponible sur GitHub : `https ://github.com/nigelpoulton/qsk-book/`

Ne vous inquiétez pas si vous n'êtes pas développeur. L'objectif du livre n'est pas l'écriture de l'application elle-même, mais c'est Kubernetes. D'autre part, le moment venu, nous expliquerons ce qui est important en des termes simples et faciles à comprendre. Vous n'avez pas non plus besoin de savoir comment utiliser GitHub.

Si cela vous interesse, le code source de l'application est disponible dans le répertoire App et comprend les fichiers suivants :

- **app.js** : C'est le fichier principal de l'application. C'est un serveur web utilisant Nodejs.
- **bootstrap.css** : C'est le fichier CSS, la feuille de style de la page web.
- **package.json** : Ce fichier contient les dépendances des paquets JavaScript de l'application.
- **views** : Ce répertoire contient les éléments de la page web.
- **Dockerfile** : Ce fichier contient les instructions que Docker doit suivre pour construire l'application sous la forme de conteneur.

Pour terminer, l'application est maintenue au moins une fois par an. Cela inclu la vérification de nouvelles versions des dépendances et les mises à jour pour réparer les failles de sécurité connues.

1 : Qu'est-ce que Kubernetes

L'objectif de ce chapitre est simple… décrire Kubernetes de la manière la plus claire possible…, et sans vous endormir.

À la base, Kubernetes est un *orchestrateur* d'applications *natives cloud de type microservices.*

Mais cela fait un nombre insupportable de mots à la mode dans une phrase si courte. Prenons donc un peu de recul et expliquons :

- Que sont les microservices
- Qu'est-ce que le cloud natif
- Qu'est-ce qu'un orchestrateur

Que sont les microservices

À l'époque, nous avions créé des applications monolithiques. C'est juste une façon élégante de dire que *toutes les fonctionnalités de l'application ont été regroupées en un seul package.* Si vous regardez la figure 1.1, vous verrez que l'interface Web, l'authentification, la journalisation, le stockage des données, les rapports… sont tous regroupés en une seule et même application. Ils sont également étroitement couplés, ce qui signifie que si vous voulez changer une partie de l'application, vous devez *tout changer.*

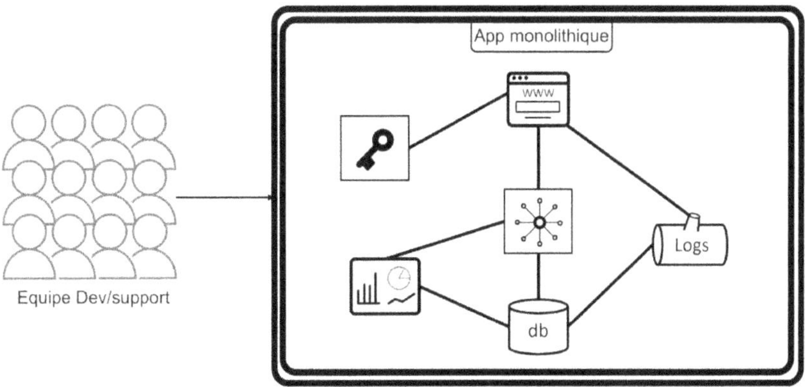

Figure 1.1

Prenons un exemple rapide. Imaginons que vous souhaitiez corriger ou mettre à jour la fonction de rapport de l'application de la figure 1.1. Pour cela, vous devez supprimer l'intégralité de l'application et corriger/mettre à niveau l'ensemble. C'est un travail relativement compliqué pour une seule fonction à modifier. Un travail comme celui-ci nécessite une planification compliquée, comporte beaucoup de risques et une complexité certaine. Ce genre d'opération est normalement effectué pendant les périodes où cette application n'est pas utilisée telles que le week-end ou des jours fériés.

Mais les inconvénients des applications monolithiques ne s'arrêtent pas là. Elles présentent des défis similaires si vous souhaitez augmenter la capacité de traitement d'une partie de celles-ci. Si par exemple on souhaitait augmenter le nombre de rapports générés la nuit, il faudrait redimensionner l'ensemble de l'application et de ses ressources allouées.

Fondamentalement, une application monolithique est un ensemble de fonctionnalités regroupées, déployées, mise à niveau et mise à l'échelle, sous une seule entité. Inutile de dire que ce n'est pas idéal.

> **Remarque** : Cet exemple reste assez généraliste, toutes les applications n'ont pas été conçues exactement comme ça. Cependant, cette approche a été un modèle prédominant pour la création, le déploiement et la gestion d'applications.

En ce qui concerne une application de microservices, elle utilise exactement le même ensemble de fonctionnalités - le front-end Web, l'authentification, la journalisation, le stockage des données, les rapports, etc. - et divise chacune d'elles en sa propre mini-application. C'est de là que vient le terme "microservice".

Si vous regardez attentivement la figure 1.2, vous verrez qu'il s'agit exactement du même ensemble de fonctionnalités d'application. La différence est que chacune d'entre elles est développée indépendamment, chacune est déployée indépendamment et chacune peut être mise à jour et mise à l'échelle indépendamment. Mais elles fonctionnent ensemble pour créer et fournir la même *expérience d'application*. Cela signifie que les clients et les utilisateurs de l'application bénéficient de la même expérience.

Chaque fonctionnalité devient un microservice qui est généralement développé et déployé dans son propre conteneur. Par exemple, il y aura une image de conteneur pour le front-end Web, une image de conteneur différente pour le microservice d'authentification, une autre pour le reporting, etc.

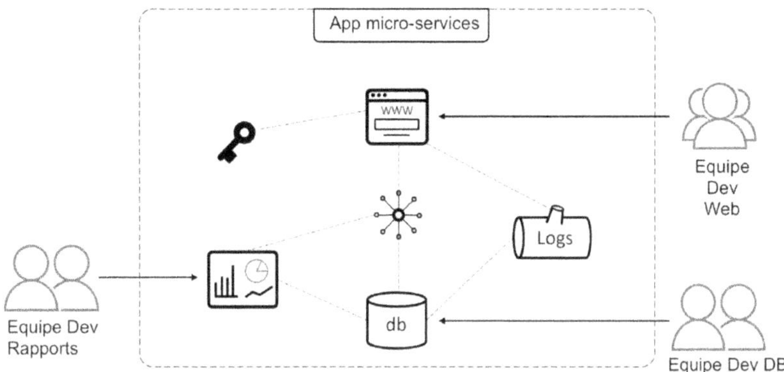

Figure 1.2

Comme le montre la figure 1.2, chaque microservice est couplé de manière plus lâche. Techniquement parlant, chaque microservice expose normalement une API sur un réseau IP que les autres microservices utilisent pour communiquer. C'est beaucoup de jargon pour simplement dire que chaque microservice est plus indépendant.

En plus de la possibilité de mettre à jour et de faire évoluer les microservices de manière indépendante, le *modèle de conception* des microservices se prête à des équipes de développement plus petites, plus agiles et spécialisées qui peuvent développer et itérer sur les fonctionnalités plus rapidement. Ceci est basé sur la *règle des deux pizzas par équipe* inventée par Jeff Bezos qui stipule que si vous ne pouvez pas nourrir une équipe de développement avec deux pizzas, l'équipe est trop grande. De manière générale, les équipes de 2 à 8 peuvent communiquer et travailler ensemble avec moins de politique et plus d'agilité que les grandes équipes.

Le modèle de conception de microservices présente d'autres avantages, et on comprend lesquels : adopter une architecture à base de microservices indépendants permet de les développer, de les déployer, de les mettre à jour, de les mettre à l'échelle, etc., sans affecter aucune autre partie de l'application.

L'adoption d'une architecture à base de microservices reste cependant loin d'être un long fleuve tranquil. Elle peut devenir complexe avec beaucoup de pièces mobiles gérées par différentes équipes. Cela nécessite une gestion prudente.

Enfin, ces deux façons de concevoir des applications - monolithiques vs microservices - sont appelées *modèles de conception*. Le modèle de conception des microservices est le modèle prédominant avec les conteneurs.

En résumé, une application de microservices est constituée de nombreuses petites pièces spécialisées qui sont faiblement couplées pour créer une application utile.

Qu'est-ce que le cloud natif

C'est une question facile car nous en avons déjà couvert une partie.

Une application *cloud-native* doit :

- Augmenter en capacité à la demande
- Etre capable de s'auto-réparer
- Permettre des mises à jour sans interruption de service
- Etre exécutable sur n'importe quel environnement Kubernetes

C'est une définition simplifiée du terme cloud natif qui permet de facilement comprendre le concept.

Prenons juste un instant pour définir ce que signifient certains de ces mots à la mode.

L'augmentation de capacité à la demande c'est permettre à une application et à l'infrastructure associée d'augmenter ou de réduire automatiquement en fonction de la demande. S'il est configuré correctement, Kubernetes peut automatiquement faire évoluer vos applications et votre infrastructure lorsque la demande augmente et les réduire lorsque celle-ci diminue.

Non seulement cela aide les entreprises à réagir plus rapidement aux changements inattendus, mais cela peut également permettre de réduire les coûts d'infrastructure lors de la réduction d'échelle.

Kubernetes peut également *auto-réparer* les applications et les microservices individuels. Cela nécessite un peu plus de connaissances sur Kubernetes que nous aborderons plus tard. Mais pour l'instant, lorsque vous déployez une application sur Kubernetes, vous devez lui spécifier à quoi devrait ressembler cette application, comme par exemple le nombre d'instances de chaque microservice et les réseaux auxquels se connecter. Kubernetes enregistre cette définition comme l'*état souhaité* et surveille votre application pour s'assurer qu'elle corresponde toujours à l'*état souhaité.* Si quelque chose change, peut-être qu'une instance se bloque, Kubernetes le remarque et lance un remplacement. C'est ce qu'on appelle *l'auto-réparation.*

La mise à jour sans interruption de service est simplement une façon élégante de dire que vous pouvez mettre à jour de manière incrémentielle des parties d'une application sans avoir à la mettre hors service et sans que les clients ne s'en rendent compte. C'est assez génial et nous le verrons en action plus tard.

Un dernier point important concernant *le cloud natif.* Une application cloud native n'est pas une application qui s'exécute uniquement dans le cloud public. Non ! Une application cloud native peut s'exécuter partout où vous avez Kubernetes – AWS, Azure, Linode, votre centre d'hébergement, votre cluster Raspberry Pi à la maison...

En résumé, les applications cloud natives peuvent s'auto-réparer, évoluer automatiquement et être mises à jour sans interruption de service. Elles peuvent également fonctionner partout où vous avez Kubernetes.

Qu'est-ce qu'un orchestrateur

Je trouve toujours qu'une analogie facilite la compréhension de cette notion.

Considérons un orchestre. C'est un groupe de musiciens individuels qui jouent de différents instruments de musique. Chaque musicien et instrument peut être différent et avoir un rôle différent à jouer lorsque la musique commence. Il y a des violons, des violoncelles, des harpes, des hautbois, des flûtes, des clarinettes, des trompettes, des trombones, des tambours et même des triangles. Chacun est différent et a un rôle différent dans l'orchestre.

Comme le montre la figure 1.3, chacun est un individu et n'a pas de rôle assigné – c'est un gâchis, la batterie est même à l'envers.

Figure 1.3

Un chef d'orchestre accompagne la partition et fait respecter l'ordre. Il regroupe les cordes sur le devant de la scène, les bois au milieu, les cuivres un peu plus en arrière et les percussions en haut et tout en arrière. Il dirige également tout - indiquant à chaque groupe quand jouer, à quel point jouer fort ou doucement et à quelle vitesse jouer.

En bref, le chef d'orchestre prend le chaos de la figure 1.3, impose l'ordre de la figure 1.4 et produit une belle musique en cours de route.

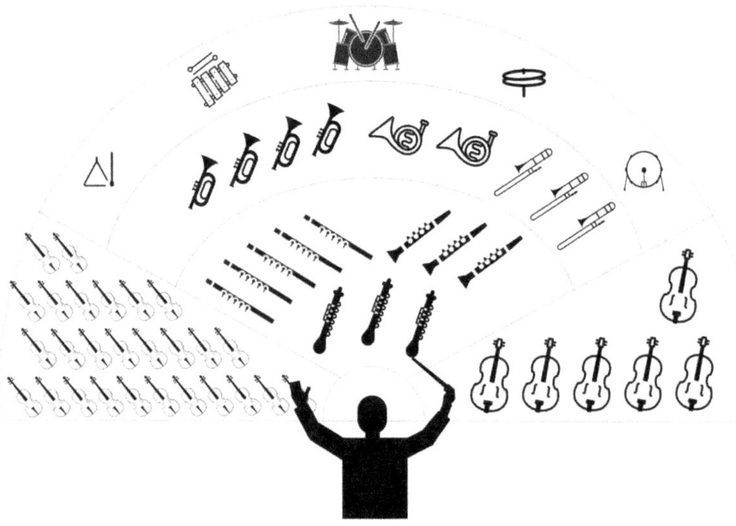

Figure 1.4

Eh bien... les applications à base de microservices et natives cloud sont comme des orchestres. Oui, sérieusement...

Chaque application cloud native est composée de nombreux petits microservices qui effectuent des tâches différentes. Certains servent des requêtes Web, d'autres authentifient des sessions, d'autres enregistrent les accès, d'autres conservent des données, d'autres génèrent des rapports. Mais tout comme un orchestre, ils ont besoin de quelqu'un ou de quelque chose pour les organiser afin d'avoir une cohérence et délivrer des fonctionnalités utiles.

Voici Kubernetes.

Kubernetes prend un ensemble chaotique de microservices indépendants et les organise en une application qui produit des fonctionnalités, comme le montre la figure 1.5. Comme mentionné précédemment, Kubernetes peut faire passer l'application à une plus grande échelle, l'auto-réparer, la mettre à jour, etc.

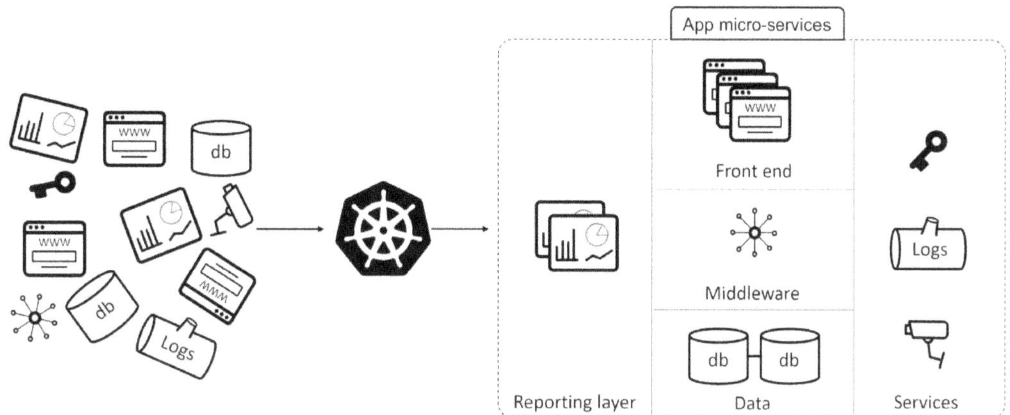

Figure 1.5

En résumé, un orchestrateur (comme Kubernetes) rassemble un ensemble de microservices et les organise en une application qui apporte de la valeur ajoutée. Il fournit et gère également des fonctionnalités cloud natives telles que la mise à l'échelle, l'auto-réparation et les mises à jour sans interruption de service.

Quelques anecdotes sur Kubernetes

Le nom "Kubernetes" vient du mot grec qui signifie "l'homme à la barre", un terme nautique/voilier pour la personne qui dirige un navire. Voir la figure 1.6.

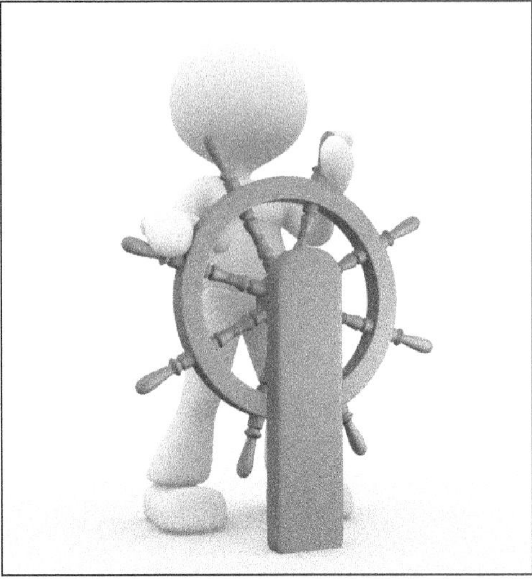

Figure 1.6

Le gouvernail d'un navire est aussi appelé "barre", d'où bien évidemment l'origine du logo Kubernetes.

Figure 1.7

Cependant, si vous regardez de plus près, vous verrez que le logo Kubernetes a 7 rayons au lieu des 6 ou 8 habituels. C'est parce que Kubernetes est vaguement basé sur un outil interne de Google appelé "Borg", et les fondateurs voulaient nommer Kubernetes après le célèbre drone Borg "Seven of Nine".

Si vous connaissez l'histoire de Star Trek, vous saurez que Seven of Nine est un drone Borg sauvé par l'équipage de l'USS Voyager sous le commandement du capitaine Kathryn Janeway à la date stellaire 25479. Malheureusement, les lois sur le droit d'auteur n'autorisaient pas l'utilisation de ce nom, mais les fondateurs voulaient une forme de référence au Borg et à Star Trek, alors ils ont donné au logo sept rayons dans un clin d'œil subtil à "Seven of

Nine". Vous verrez également le nom Kubernetes raccourci en "K8s" où le "8" représente les 8 caractères dans Kubernetes entre le "K" et le "s". Il se prononce généralement "kates" et a donné naissance à la blague selon laquelle Kubernetes a une petite amie appelée Kate.

Rien de tout cela ne vous servira pour le déploiement et la gestion d'applications de microservices cloud natives, mais ce sont des connaissances de base essentielles ;-)

Résumé du chapitre

Lorsque nous avons commencé ce chapitre, nous avons dit que *Kubernetes est un orchestrateur d'applications natives cloud à base de microservices.*

Maintenant que nous avons démystifié le jargon, vous savez que cette phrase signifie que *"Kubernetes exécute et gère des applications composées de petites pièces spécialisées qui peuvent s'auto-réparer, évoluer, être mises à jour indépendamment et sans nécessiter de temps d'arrêt."* Ces pièces spécialisées sont appelé *microservices* et chacun est généralement déployé dans son propre conteneur.

Mais il reste encore beaucoup à apprendre et je ne m'attends pas à ce que vous ayez déjà complètement acquis ces notions. Tout au long du livre, nous continuerons à expliquer ces concepts et à les appliquer avec plusieurs exemples concrets.

2: Pourquoi nous avons besoin de Kubernetes

Pas de récompenses pour deviner l'objectif de ce chapitre ;-)

Quoi qu'il en soit, nous allons adresser cette question en abordant les parties suivantes :

- Pourquoi les entreprises technologiques ont besoin de Kubernetes
- Pourquoi la communauté des utilisateurs a besoin de Kubernetes

Les deux aspects sont importants et jouent un rôle majeur dans la raison pour laquelle Kubernetes est là pour durer. Certains points vous aideront également à éviter les pièges potentiels lorsque vous débuterez avec Kubernetes.

Pourquoi les entreprises technologiques ont besoin de Kubernetes

Tout a commencé avec AWS.

A la fin des années 2000, Amazon a lancé un pavé dans la mare de l'industrie technologique et depuis, le monde n'a jamais été le même.

Avant 2006, il y avait un espèce de statu quo dans l'industrie de l'information et de la technologie. La plupart des grandes entreprises technologiques gagnaient facilement de l'argent en vendant des serveurs, des switchs réseau, des baies de stockage, des licences logicielles pour des applications monolithiques et bien d'autres choses. Puis, venu de nul part, Amazon a lancé AWS et a bouleversé ce monde. C'était la naissance du cloud computing moderne.

Au début, aucun des acteurs principaux du secteur de l'IT n'a prêté beaucoup d'attention - ils étaient trop occupés à amasser l'argent en vendant les mêmes vieux produits qu'ils vendaient depuis des décennies. En fait, certaines des grandes entreprises technologiques pensaient qu'elles pourraient mettre fin à la menace d'AWS via des campagnes grossières de désinformation. Elles ont commencé par dire que le cloud n'était pas une réalité. Lorsque cela n'a pas fonctionné, elles ont effectué un virement à 360 degrés, ont admis que c'était réel et ont immédiatement rebaptisé leurs produits existants en "cloud". Quand cela n'a pas fonctionné, elles ont commencé à construire leurs propres cloud, et depuis, elles rattrapent leur retard.

Deux choses à noter.

Tout d'abord, c'est *la version condensée de l'histoire du cloud selon Nigel.*

Deuxièmement, la désinformation initialement répandue par l'industrie technologique est connue sous le nom de *peur de l'incertitude et du doute (FUD en anglais).*

Quoi qu'il en soit, examinons d'un peu plus près les détails.

Une fois qu 'AWS a commencé à voler des clients et des entreprises potentielles, l'industrie avait besoin d'une contre-attaque. Leurs premières représailles majeures ont été OpenStack. Pour faire court, OpenStack était un projet communautaire qui tentait de créer une alternative open source à AWS. C'était un projet noble et beaucoup de bonnes personnes y ont contribué. Mais finalement, cela n'a jamais menacé AWS - Amazon avait trop d'avance. OpenStack a fait beaucoup d'efforts, mais AWS l'a écarté sans perdre de temps.

Donc, c'était retour à la case départ pour l'industrie de l'IT.

Pendant que tout cela se produisait, et même avant, Google utilisait des conteneurs Linux pour exécuter la plupart de ses services à grande échelle. Google a déployé des milliards de conteneurs par semaine depuis aussi longtemps que l'on s'en souvienne. La planification et la gestion de ces milliards de conteneurs étaient un outil interne propriétaire de Google appelé *Borg*. Google étant Google, le retour d'expérience de l'utilisation de Borg a permis de construire un système plus récent appelé *Omega.*

Quoi qu'il en soit, certaines personnes au sein de Google voulaient tirer des leçons de Borg et Omega et développer une meilleure solution, la rendre open source et disponible pour la communauté. Et c'est ainsi que Kubernetes a vu le jour à l'été 2014.

Maintenant, Kubernetes n'est pas une version open source de Borg ou Omega. Il s'agit d'un nouveau projet, construit à partir de zéro, pour être un orchestrateur open source d'applications sous forme de conteneurs. Son lien avec Borg et Omega est que ses développeurs initiaux étaient des Googleurs impliqués dans Borg et Omega, et qu'il a été construit avec les leçons apprises de ces technologies internes propriétaires de Google.

Revenons à notre histoire sur AWS qui focalise tout le monde…

Lorsque Google a ouvert Kubernetes en 2014, Docker prenait d'assaut le monde. En conséquence, Kubernetes était principalement considéré comme un outil pour nous aider à gérer la croissance explosive des conteneurs. Et c'est vrai, mais ce n'est que la moitié de l'histoire. Kubernetes fait également un travail incroyable en *apportant une abstraction* de l'infrastructure sous-jacente cloud et serveur essentiellement en *banalisant l'infrastructure.*

Prenons quelques instants pour mieux comprendre cette dernière phrase.

"Apporter abstraction et banaliser l'infrastructure" est une façon élégante de dire que *Kubernetes fait en sorte que vous n'ayez pas à vous soucier du cloud ou des serveurs sur lesquels vos applications s'exécutent.* En fait, c'est au cœur de la notion que *Kubernetes est le système d'exploitation (OS) du cloud.* Ainsi, de la même manière que Linux et Windows signifient que vous n'avez pas à vous soucier si vos applications s'exécutent sur des serveurs Dell, Cisco, HPE ou Nigel Poulton… Kubernetes signifie que vous ne devez pas vous soucier si vos applications s'exécutent sur le cloud AWS ou Nigel Poulton :-D

L'abstraction des clouds signifiait que Kubernetes offrait à l'industrie technologique une opportunité d'effacer la valeur ajoutée d'AWS - il suffit d'écrire vos applications pour qu'elles s'exécutent sur Kubernetes et le cloud sous-jacent ne fait aucune différence. Grâce à Kubernetes, l'équilibre des forces a été rétabli.

C'est pourquoi chaque fournisseur est amoureux de Kubernetes et le place au premier plan de ses offres. Cela crée un avenir ambitieux et prometteur pour Kubernetes et réciproquement, donne à la communauté des utilisateurs une solution sûre et indépendante vis-à-vis des fournisseurs sur laquelle parier leur avenir dans le cloud.

En parlant d'utilisateurs finaux…

Pourquoi la communauté des utilisateurs a besoin de Kubernetes

Nous venons de plaider en faveur d'un avenir ambitieux et prometteur pour Kubernetes avec toutes les grandes entreprises technologiques derrière lui. En fait, il a grandi si rapidement et est devenu si important que même Amazon l'a adopté à contrecœur. C'est vrai, même le puissant Amazon et AWS ne pouvaient pas ignorer Kubernetes.

Quoi qu'il en soit, la communauté des utilisateurs a besoin de plates-formes pérennes sur lesquelles s'appuyer pour développer des applications, sachant que la plate-forme sera un bon investissement technologique à long terme. Dans l'état actuel des choses, il semble que Kubernetes sera parmi nous pendant très longtemps.

Une autre raison pour laquelle la communauté d'utilisateurs a besoin et aime Kubernetes, est liée à la notion que *Kubernetes est le système d'exploitation du cloud.*

Nous avons déjà dit que Kubernetes permet de faire abstraction de l'infrastructure de bas-niveau que ce soit dans votre salle machine ou dans le cloud. Ainsi, vous pouvez écrire des applications pour qu'elles s'exécutent sur Kubernetes sans même savoir quel cloud se trouve derrière. Cela présente quelques avantages secondaires, notamment :

- Vous pouvez déployer sur un cloud aujourd'hui et passer à un autre demain
- Vous pouvez exécuter sur plusieurs cloud
- Vous pouvez plus facilement avoir vos pics de charge sur cloud, puis revenir en mode nominal dans l'infrastructure traditionnelle

Fondamentalement, les applications écrites pour Kubernetes s'exécuteront partout où vous avez Kubernetes. C'est un peu comme écrire des applications pour Linux : si vous écrivez vos applications pour qu'elles fonctionnent sur Linux, peu importe si Linux s'exécute sur des serveurs Supermicro dans votre garage ou sur des instances de cloud AWS de l'autre côté de la planète.

Tout cela est bon pour les utilisateurs finaux. Qui refuserait de disposer d'une plateforme apportant flexibilité et ayant un avenir solide !

Résumé du chapitre

Dans ce chapitre, vous avez appris que les grandes entreprises du secteur de l'information et de la technologie ont besoin de Kubernetes pour réussir. Cela crée un avenir solide pour Kubernetes et en fait une plate-forme sûre pour les utilisateurs, les entreprises et dans laquelle investir. Kubernetes fait également abstraction de l'infrastructure sous-jacente de la même manière que les systèmes d'exploitation comme Linux et Windows. C'est pourquoi vous entendrez qu'il est décrit comme *le système d'exploitation du cloud.*

3: A quoi ressemble Kubernetes

Nous avons déjà dit que Kubernetes est le *système d'exploitation du cloud.* En tant que tel, il se situe entre les applications et l'infrastructure. Kubernetes s'exécute sur l'infrastructure et les applications s'exécutent sur Kubernetes. Ceci est montré dans la Figure 3.1

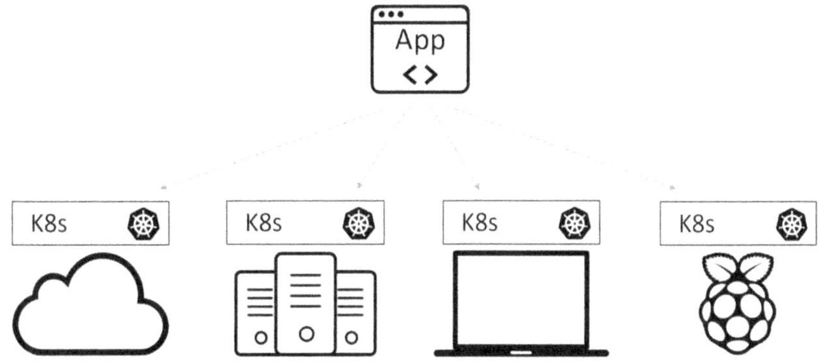

Figure 3.1

Le diagramme montre 4 installations Kubernetes s'exécutant sur 4 types d'infrastructure différentes. Comme Kubernetes fait abstraction de l'infrastructure sous-jacente, l'application en haut du diagramme peut s'exécuter sur n'importe quelle installation Kubernetes. Vous pouvez également la migrer d'une installation Kubernetes à une autre.

Nous appelons une installation Kubernetes un *cluster Kubernetes.*

Il y a deux ou trois points qui méritent d'être clarifiés à propos de la figure 3.1.

Premièrement, il est inhabituel qu'un seul cluster Kubernetes couvre plusieurs infrastructures. Par exemple, il est peu probable que vous voyiez des clusters Kubernetes déployés sur plusieurs clouds. De même, il est peu probable que vous voyiez des clusters déployés à la fois dans l'infrastructure dans le datacenter et dans le cloud public. Cela est principalement lié à la vitesse et à la fiabilité du réseau. De manière générale pour les clusters Kubernetes, il est prérequis d'avoir un réseau fiable et à haut débit pour relier les nœuds du cluster.

Deuxièmement, bien que Kubernetes puisse s'exécuter sur de nombreuses plateformes, les applications qui s'exécutent sur Kubernetes ont des exigences plus strictes. Vous le verrez plus loin dans le chapitre, mais les applications Windows ne fonctionneront que sur des clusters Kubernetes avec des nœuds Windows, les applications Linux ne fonctionneront que sur des clusters avec des nœuds Linux et les applications écrites pour ARM/Raspberry Pi nécessitent des clusters avec des nœuds ARM.

Maîtres et nœuds

Un *cluster Kubernetes* est une ou plusieurs machines sur lesquelles Kubernetes est installé. Les *machines* peuvent être des serveurs physiques, des machines virtuelles (VM), des instances cloud, votre ordinateur portable, Raspberry Pi, etc. L'installation de Kubernetes sur ces machines et leur connexion créent un *cluster Kubernetes.* Vous pouvez ensuite déployer des applications sur ce cluster.

Les machines dans un cluster Kubernetes sont généralement appelées *noeuds.*

En parlant de nœuds, un cluster Kubernetes possède deux types de nœuds :

- Nœuds dits "maîtres"
- Nœuds de travail

Nous appelons normalement les nœuds maîtres "maîtres" et les nœuds de travail simplement "nœuds".

Les maîtres hébergent les services de contrôle et les nœuds sont l'endroit où vous exécutez les applications des utilisateurs.

La figure 3.2 montre un cluster Kubernetes à 6 nœuds avec 3 maîtres et 3 nœuds. C'est une bonne pratique pour les maîtres d'exécuter exclusivement les services de contrôle (pas d'applications utilisateur). Toutes les applications utilisateur doivent s'exécuter sur des nœuds.

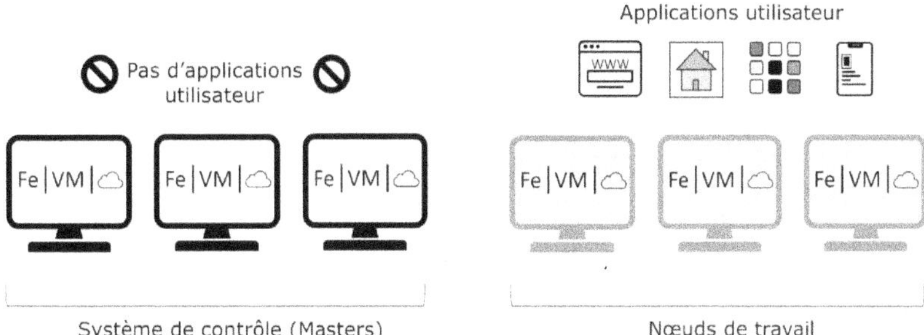

Figure 3.2

Les maîtres

Les maîtres hébergent le *plan de contrôle*. C'est une façon élégante de dire les cerveaux du cluster.

Gardant ça à l'esprit, il est recommandé d'avoir plus d'un maître pour la haute disponibilité (HA). Ainsi, si l'un d'eux tombe en panne, le cluster peut rester opérationnel. Il est courant d'avoir 3 ou 5 Maîtres dans un cluster de production et de les répartir sur différents domaines - ne les installez pas tous dans la même pièce, sous la même unité de climatisation qui fuit, branchés sur la même alimentation électrique défectueuse.

La figure 3.3 montre un plan de contrôle configuré en haute disponibilité avec 3 maîtres. Chacun se trouve dans un domaine distinct avec des infrastructures de réseau distinctes et des infrastructures d'alimentation distinctes, etc.

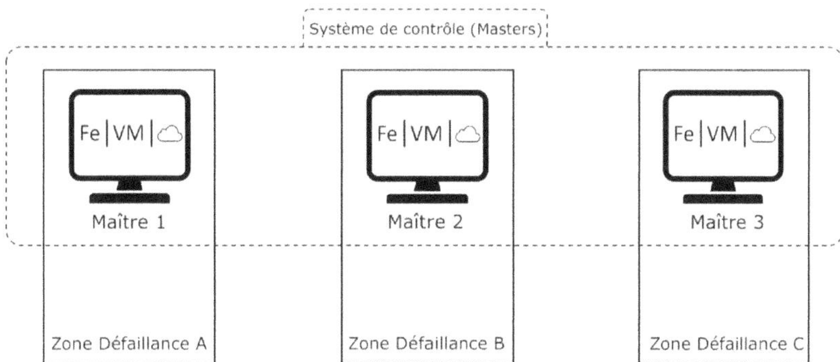

Figure 3.3

Les maîtres exécutent les services suivants qui forment le plan de contrôle (cerveaux des clusters) :

- Serveur d'API
- Orchestrateur
- Zone de stockage
- Contrôleur Cloud
- Etc...

Le *serveur d'API* est la **seule** partie d'un cluster Kubernetes avec laquelle vous interagissez directement. Lorsque vous envoyez des commandes au cluster, elles vont au serveur API. Lorsque vous recevez des réponses, elles proviennent du serveur API.

L'*Orchestrateur* choisit sur quels nœuds exécuter les applications utilisateur.

La *Zone de stockage* est l'endroit où l'état du cluster et de toutes les applications sont stockés.

Le *Controleur Cloud* permet à Kubernetes de s'intégrer aux services cloud tels que le stockage et les répartiteurs de charge. Les exemples pratiques des chapitres suivants intègrent un répartiteur de charge cloud avec une application que vous déploierez sur un cluster Kubernetes.

Il y a plus de services dans un plan de contrôle Kubernetes, mais dans le cadre de ce livre, nous nous limiterons aux plus importants.

Nœuds

Les nœuds exécutent les applications utilisateur et peuvent être des systèmes Linux ou Windows. Les nœuds Linux exécutent des applications Linux, tandis que les nœuds Windows exécutent des applications Windows.

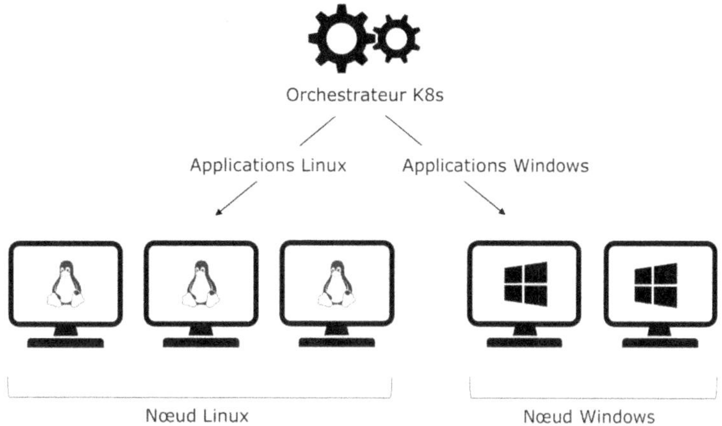

Figure 3.4

Tous les nœuds exécutent certains services importants à connaître :

- Kubelet
- L'environnement d'exécution du conteneur

Le `kubelet` est le principal agent Kubernetes. Il joint le nœud au cluster et communique avec le plan de contrôle, comme par exemple réceptionner les tâches à effectuer et rapporter leur état.

L'*environement d'exécution de conteneur* démarre et arrête les conteneurs.

> **Remarque** : Auparavant Kubernetes utilisait Docker comme environnement d'exécution de conteneur. Cependant, Kubernetes 1.22 a annoncé que l'utilisation de Docker serait supprimée dans une future version de Kubernetes. Bien que Kubernetes cessera de prendre en charge Docker en tant qu'environnement d'exécution, **il continuera à prendre en charge les images créées par Docker**. En fait, Docker et Kubernetes sont tous deux conformes aux normes Open Container Initiative (OCI) en ce qui concerne les images de conteneur. Pour simplifier tous ces acronymes et ce jargon… les images de conteneurs créées par Docker sont 100% compatibles avec Kubernetes.

Kubernetes hébergé

Kubernetes en mode hébergé est l'endroit où votre fournisseur de cloud vous loue un cluster Kubernetes. Parfois, nous l'appelons *Kubernetes en tant que service.*

Comme vous le verrez dans les chapitres suivants, Kubernetes hébergé est l'un des moyens les plus simples d'obtenir Kubernetes.

Dans le modèle hébergé, le fournisseur de cloud crée le cluster Kubernetes, possède le plan de contrôle et est responsable de tous les éléments suivants :

- Performances du plan de contrôle
- Disponibilité du plan de contrôle
- Mises à jour du plan de contrôle

Vous êtes responsable de :

- Nœuds de travail
- Applications utilisateurs
- Payer la facture

La figure 3.5 montre l'architecture de base de Kubernetes hébergé.

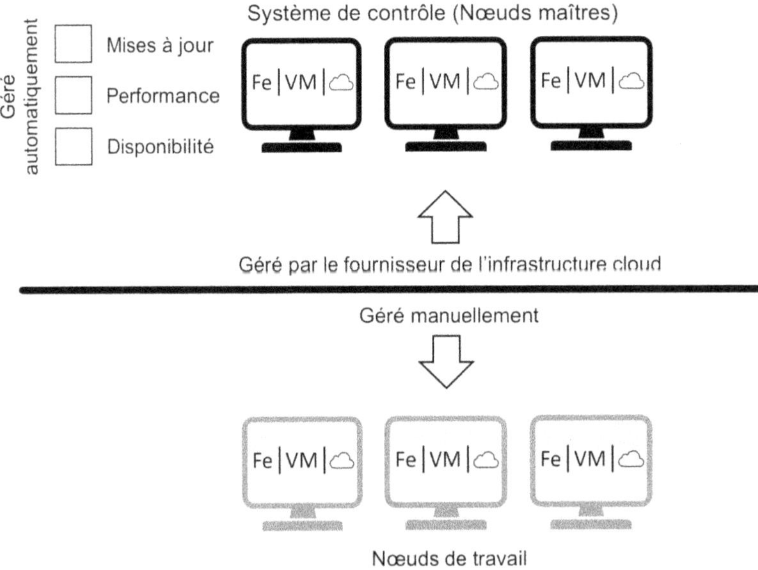

Figure 3.5

La plupart des fournisseurs de cloud ont une offre fournissant le service de Kubernetes hébergé. Parmi les plus populaires, nous pouvons citer :

- AWS : Elastic Kubernetes Service (EKS)
- Azure : Azure Kubernetes Service (AKS)
- DO : Digital Ocean Kubernetes Service (DOKS)
- GCP : Google Kubernetes Engine (GKE)
- Linode : Linode Kubernetes Engine (LKE)

D'autres fournisseurs existent mais tous les services Kubernetes hébergés ne sont pas égaux. Un exemple rapide... Linode Kubernetes Engine (LKE) est l'un des plus simples à configurer et à utiliser. Cependant, il lui manque certaines fonctionnalités et options de configuration offertes par d'autres. Vous devriez en essayer quelques-uns avant de décider lequel vous convient le mieux.

Gérer Kubernetes avec l'outil de ligne de commande `kubectl`

La plupart de la gestion quotidienne d'un cluster Kubernetes est effectuée à l'aide de l'outil en ligne de commande Kubernetes appelé `kubectl`. Il y a beaucoup de façons de le prononcer, mais je le prononce "cube si ti elle".

Les tâches de gestion incluent le déploiement, la gestion des applications, la vérification de l'intégrité du cluster, des applications et la mise à jour du cluster et des applications.

`kubectl` est disponible pour Linux, Mac OS, Windows et divers systèmes d'exploitation liés à ARM/Raspberry Pi.

La commande `kubectl` suivante liste tous les maîtres et nœuds d'un cluster. Vous exécuterez de nombreuses commandes dans les sections pratiques des chapitres suivants.

```
$ kubectl get nodes
NAME                STATUS   ROLES                  AGE   VERSION
qsk-book-server-0   Ready    control-plane,master   12s   v1.22.0
qsk-book-agent-2    Ready    <none>                 10s   v1.22.0
qsk-book-agent-0    Ready    <none>                 13s   v1.22.0
qsk-book-agent-1    Ready    <none>                 11s   v1.22.0
```

Résumé de chapitre

Dans ce chapitre, vous avez appris qu'un cluster Kubernetes comprend des maîtres et des nœuds. Ceux-ci peuvent fonctionner presque n'importe où, incluant des serveurs physiques, des machines virtuelles et dans le cloud. Les maîtres exécutent les services principaux qui assurent le fonctionnement du cluster, tandis que les nœuds assurent l'exécution des applications métier.

La plupart des plates-formes cloud offrent un service Kubernetes hébergé qui permet de mettre facilement la main sur un cluster *"pour la production"* où le fournisseur de cloud gère les performances, la disponibilité et les mises à jour. Vous gérez les nœuds et payez la facture.

Vous avez également appris que `kubectl` est l'outil de ligne de commande Kubernetes.

4: Obtenir Kubernetes

Il existe de nombreuses façons de se procurer Kubernetes. Il peut être installé sur tout, depuis un ordinateur portable, aux clusters à haute performance hautement disponibles dans le cloud, en passant par un cluster Raspberry Pi à la maison.

Comme il s'agit d'un livre de démarrage rapide, je vais vous indiquer les deux moyens les plus simples pour obtenir Kubernetes :

- Kubernetes installé sur votre ordinateur portable avec Docker Desktop
- Kubernetes dans le cloud avec Linode Kubernetes Engine (LKE)

L'une ou l'autre de ces options vous permettra de suivre les exercices pratiques tout au long du livre. Si vous avez déjà un cluster Kubernetes fonctionnel, vous devriez pouvoir l'utiliser pour la suite.

Kubernetes sur votre ordinateur portable avec Docker Desktop

Il existe de nombreuses façons d'obtenir Kubernetes sur votre ordinateur portable, mais j'ai choisi Docker Desktop car c'est probablement le plus simple et il est mis à jour régulièrement. D'autres options qui méritent d'être étudiées incluent `minikube` et `k3d`.

Ce que comprend Docker Desktop

Comme son nom l'indique, vous obtenez Docker. Cependant, vous obtenez également un cluster Kubernetes sur un seul nœud. C'est idéal pour faire du développement et pour s'entraîner – il n'est cependant *pas* recommandé de l'utiliser en production. Vous obtenez également l'utilitaire de ligne de commande Kubernetes (`kubectl`).

Cet ensemble d'outils vous permet d'utiliser Docker pour créer des applications dans des images de conteneur, puis les déployer sur un cluster Kubernetes certifié. C'est plutôt génial pour un outil gratuit facile à télécharger et à utiliser.

Installer Docker Desktop

Vous pouvez installer Docker Desktop sur n'importe quel ordinateur portable Windows 10 ou Mac OS. Il vous suffit d'aller simplement sur `docker.com` et trouvez le lien de téléchargement. Après cela, c'est un installateur nécessitant les privilèges administrateur et il suffit de cliquer plusieurs fois sur `suivant`.

Une fois l'installation terminée, vous devrez peut-être démarrer manuellement Kubernetes. Pour ce faire, cliquez sur l'icône de la baleine (dans la barre de menu supérieure sous Mac OS ou dans la barre d'état système en bas à droite sous Windows), en choisissant `Préférences > Kubernetes`, puis en cochant la case `Activer Kubernetes`. Voir la figure 4.1.

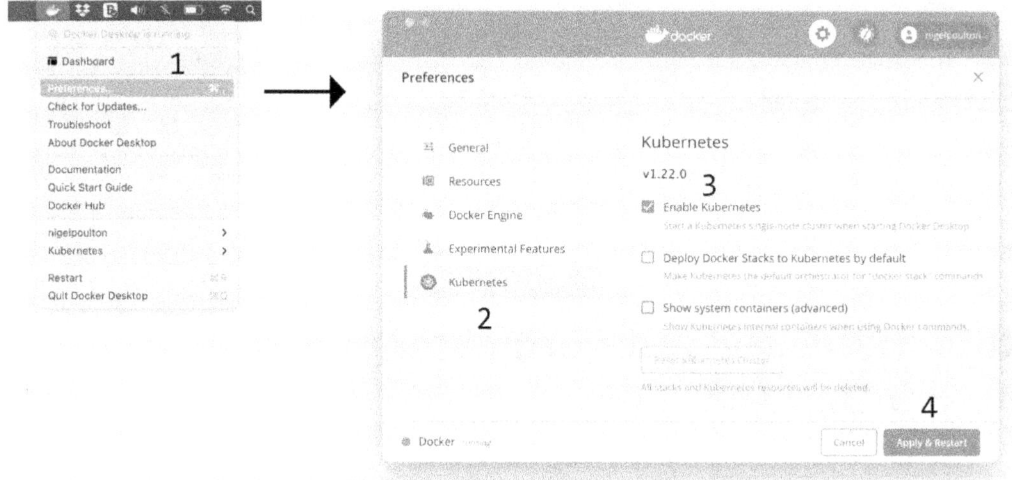

Figure 4.1

Une fois installé, Docker s'exécute nativement sur Mac OS et Windows. Si vous êtes un utilisateur Mac, votre cluster Kubernetes a un seul nœud. Il s'exécutera dans une machine virtuelle. Si vous êtes un utilisateur de Windows 10, vous pouvez activer WSL 2 et faire fonctionner votre cluster en mode natif.

Concernant Docker Desktop sous Windows 10, les versions récentes de Windows 10 et Docker Desktop prennent en charge le sous-système WSL 2. WSL signifie Windows Subsystem for Linux, qui est un moyen intelligent d'exécuter des applications Linux sur Windows. Si vous êtes invité à activer WSL 2, dites "oui" et suivez les instructions.

Vous devez utiliser Docker Desktop en mode ***Conteneurs Linux*** pour suivre les exemples du reste du livre. Pour ce faire, cliquez avec le bouton droit sur la baleine Docker dans la barre d'état système et choisissez `Passer aux conteneurs Linux`. Cela permettra à votre machine Windows 10 d'exécuter des conteneurs Linux.

Vous pouvez exécuter les commandes suivantes à partir d'un terminal pour vérifier l'installation :

```
$ docker --version
Docker version 20.10.0-rc1, build 5cc2396

$ kubectl version -o yaml
clientVersion:
  <Snip>
  gitVersion: v1.22.0
  major: "1"
  minor: "22"
  platform: darwin/amd64
serverVersion:
  <Snip>
  gitVersion: v1.22.0
  major: "1"
  minor: "22"
  platform: linux/amd64
```

Le résultat de la commande a été tronqué pour faciliter sa lecture.

A ce niveau, vous avez maintenant Docker et un cluster Kubernetes à un nœud, fonctionnant sur votre ordinateur portable. Vous allez pouvoir vous entraîner avec les exemples tout au long du livre.

Kubernetes dans le cloud avec Linode Kubernetes Engine (LKE)

Comme vous vous en doutez, vous pouvez exécuter Kubernetes dans chaque fournisseur de cloud, et la plupart des clouds proposent une offre Kubernetes à la demande. J'ai choisi d'utiliser Linode Kubernetes Engine (LKE) pour les exemples, car il est extrêmement simple et crée rapidement des clusters Kubernetes. Mais vous pouvez choisir à votre guise, un autre fournisseur pour votre cluster Kubernetes dans le cloud.

Remarque : Linode propose généralement des offres pour les nouveaux clients. Au moment de la rédaction de cet article, les nouveaux clients bénéficient d'un crédit gratuit de 100$ qui peut être utilisé au cours des trois premiers mois suivant leur inscription. C'est plus que suffisant pour compléter tous les exemples du livre.

Ce que vous fournit Linode Kubernetes Engine (LKE)

LKE est une offre Kubernetes hébergée de Linode. En tant que tel :

- Cela coûte de l'argent (pas beaucoup cependant)
- Il est facile à configurer
- La gestion du cluster Kubernetes est faite par Linode et vous est cachée
- Il offre des intégrations avancées avec d'autres services cloud (stockage, répartiteur de charge, etc.)

Nous allons vous montrer comment créer un cluster Kubernetes avec deux nœuds de travail, ainsi que comment obtenir et configurer l'utilitaire en ligne de commande Kubernetes (`kubectl`). Plus loin dans le livre, vous verrez comment utiliser Kubernetes pour provisionner et utiliser un équilibreur de charge Linode et l'intégrer à l'exemple d'application.

Obtenir un cluster Linode Kubernetes Engine

Depuis votre navigateur, entrez `linode.com` et créez un compte. C'est un processus simple, mais vous devrez fournir les détails de facturation. Si vous voulez vraiment apprendre Kubernetes, essayez de ne pas vous laisser décourager. Les coûts sont assez bas tant que vous n'oubliez pas de supprimer vos clusters lorsque vous en avez fini avec eux.

Une fois que vous avez tout configuré et connecté à la Console Linode Cloud, cliquez sur `Kubernetes` dans la barre de navigation de gauche et choisissez `Créer un cluster`.

Choisissez un `label de cluster` (nom de votre cluster), une `Région` et une `version de Kubernetes`. Ajoutez ensuite deux instances `Linode 2GB Shared CPU` pour vos nœuds de cluster. La configuration est illustrée à la figure 4.2.

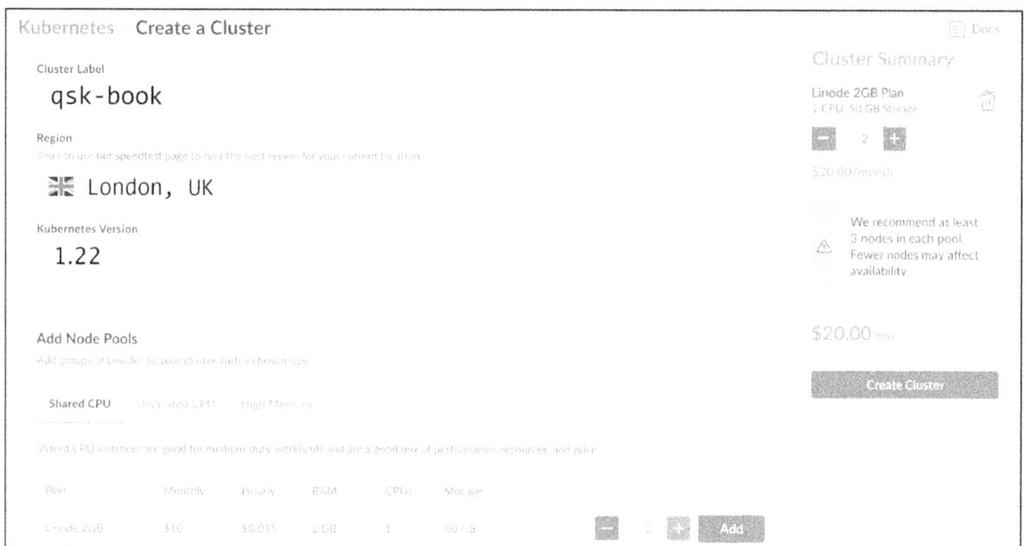

Figure 4.2

Prenez connaissance des coûts potentiels de votre cluster, qui sont affichés à droite.

Cliquez sur `Créer un cluster` lorsque vous êtes sûr de votre configuration.

La création de votre cluster peut prendre une à deux minutes.

Lorsqu'il sera prêt, la console affichera vos deux nœuds comme `En cours d'exécution` et affichera leurs adresses IP. Elle affichera également votre `Adresse API Kubernetes` au format URL.

Maintenant votre cluster LKE s'exécute avec un système de contrôle hautes performances et hautement disponible entièrement géré par Linode et qui vous est caché. Il dispose également de deux nœuds de travail en cours d'exécution. La configuration est illustrée à la figure 4.3.

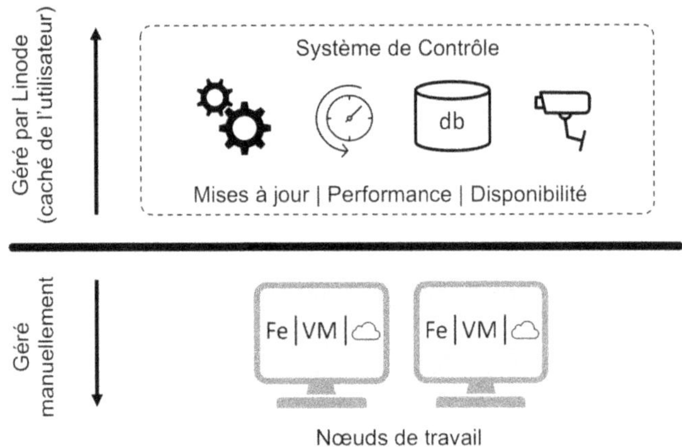

Figure 4.3

Pour interagir avec votre cluster, vous pouvez utiliser l'utilitaire en ligne de commande Kubernetes. C'est `kubectl` et peut être installé via l'une des méthodes suivantes (même s'il existe d'autres façons de l'installer).

Installer kubectl sur Mac OS

Vous avez peut-être déjà installé `kubectl` sur votre système via un autre outil tel que Docker Desktop. Avant de suivre ces étapes, vérifiez si vous l'avez déjà en tapant `kubectl` sur la ligne de commande.

Le moyen le plus simple d'installer `kubectl` sur Mac OS est d'utiliser Homebrew.

```
$ brew install kubectl
<Snip>

$ kubectl version --client -o yaml
clientVersion:
  <Snip>
  major: "1"
  minor: "22"
  platform: darwin/amd64
```

Installer kubectl sur Windows 10

Avant de continuer, tapez `kubectl` sur dans un terminal, pour vous assurer que vous ne l'avez pas déjà installé.

Le moyen le plus simple d'installer `kubectl` dans Windows 10 consiste à utiliser Chocolatey. Nous vous montrons comment l'installer à l'aide de PowerShell dans une étape ultérieure au cas où vous n'utiliseriez pas Chocolatey.

```
> choco install kubernetes-cli

> kubectl version --client -o yaml
clientVersion:
  <Snip>
  major: "1"
  minor: "22"
  platform: windows/amd64
```

Si vous n'utilisez pas Chocolatey, les étapes suivantes installeront `kubectl` à l'aide des outils PowerShell standards. Assurez-vous de remplacer le `-DownloadLocation` dans la deuxième commande par un emplacement de téléchargement valide sur votre machine. Le `-DownloadLocation` est l'endroit où `kubectl` sera téléchargé et il devrait être dans le `%PATH%` de votre système, ou vous devriez le copier dans un dossier de votre système `%PATH%`.

```
> Install-Script -Name 'install-kubectl' -Scope CurrentUser -Force

> install-kubectl.ps1 -DownloadLocation C:\Users\nigel\bin

> kubectl version --client -o yaml
clientVersion:
  <Snip>
  major: "1"
  minor: "22"
  platform: windows/amd64
```

Si vous obtenez une erreur "commande introuvable", assurez-vous que `kubectl` est présent dans le dossier du `%PATH%`. de votre système.

kubectl est maintenant installé et prêt à être configuré pour communiquer avec votre cluster Kubernetes.

Configurez kubectl pour communiquer avec votre cluster LKE

kubectl a un fichier de configuration qui contient les informations et les paramètres d'identification du cluster. Sur Mac OS et Windows, il s'appelle config et se trouve dans les répertoires suivants :

- Windows 10: C :\Users\<username>\.kube
- Mac OS : /Users/<username>/.kube

Même si le fichier s'appelle config, nous l'appelons "kubeconfig".

Le moyen le plus simple de configurer kubectl pour se connecter à votre cluster LKE est de :

1. Faire une copie de sauvegarde de tout fichier kubeconfig existant sur votre ordinateur
2. Télécharger et utiliser le fichier LKE kubeconfig sur votre ordinateur

Accédez à la zone Kubernetes de la Console Linode Cloud, où se trouve la liste des clusters, et cliquez sur le lien Télécharger kubeconfig pour votre cluster LKE. Localisez le fichier téléchargé, copiez-le dans le dossier caché ./kube de votre répertoire personnel et renommez-le en config. Vous devrez renommer tous les fichiers kubeconfig existants avant de le faire.

> **Remarque** : Vous devrez peut-être configurer votre ordinateur pour afficher les dossiers cachés. Sur Mac OS, tapez "Commande + Maj + point". Sous Windows 10, tapez "dossier" dans la barre de recherche Windows (à côté du bouton d'accueil Windows) et sélectionnez le résultat "Options de l'explorateur de fichiers". Sélectionnez l'onglet "Affichage" et cliquez sur le bouton "Afficher les fichiers, dossiers et lecteurs cachés".

Une fois le kubeconfig LKE téléchargé et copié à l'endroit approprié avec le nom correct, kubectl est configuré. Vous pouvez tester le tout avec la commande suivante :

```
$ kubectl get nodes
NAME                              STATUS   ROLES    AGE   VERSION
lke16405-20053-5ff63e4400b7       Ready    <none>   47m   v1.22.0
lke16405-20053-5ff63e446413       Ready    <none>   47m   v1.22.0
```

Le résultat de la commande montre un cluster LKE avec deux nœuds de travail. Vous savez que le cluster est sur LKE car les noms des nœuds commencent par `lke`. Les maîtres qui hébergent le plan de contrôle ne sont pas affichés dans le résultat de la commande car ils sont gérés par LKE et cachés de l'utilisateur.

Votre cluster LKE est maintenant opérationnel et vous pouvez l'utiliser pour suivre les exemples du livre.

Attention, LKE est un service cloud payant. Assurez-vous de supprimer le cluster lorsque vous n'en avez plus besoin. Oublier de le faire entraînera des coûts indésirables.

Résumé du chapitre

Docker Desktop est un excellent moyen d'obtenir Docker et un cluster Kubernetes sur votre ordinateur Windows 10 ou Mac OS. Il est gratuit à télécharger et à utiliser, et installe et configure automatiquement `kubectl`. Il n'est pas destiné à une utilisation en production.

Linode Kubernetes Engine (LKE) est un service Kubernetes hébergé simple à utiliser. Linode gère les fonctionnalités du plan de contrôle du cluster et vous permet de dimensionner et de spécifier autant de nœuds de travail que vous le souhaitez. Cela vous oblige à mettre à jour manuellement votre fichier local `kubeconfig`. L'exécution d'un cluster LKE coûte également de l'argent. Vous devez donc le dimensionner de manière appropriée et ne pas oublier de le supprimer lorsque vous aurez terminé.

Il existe de nombreux autres moyens et emplacements pour obtenir Kubernetes, mais les moyens que nous avons montrés ici seront suffisants pour vous permettre de démarrer et de vous préparer pour les exemples à venir.

5: Ecrire une application conteneurisée

Dans ce chapitre, vous allez suivre la méthode pour créer une application sous la forme d'une image de conteneur. Ce processus est appelé *conteneurisation* et l'application résultante est appelée *application conteneurisée.*

Vous utiliserez Docker pour conteneuriser l'application (créer l'image du conteneur) et les étapes ne sont pas spécifiques à Kubernetes. En fait, vous n'utiliserez pas Kubernetes dans ce chapitre. Cependant, l'application conteneurisée que vous créez sera déployée sur Kubernetes dans les chapitres suivants.

> **Remarque** : *Docker et Kubernetes.* Kubernetes a commencé le processus de suppression de la prise en charge de Docker en tant que son environnement d'exécution de conteneur. Cependant, les applications conteneurisées créées par Docker sont toujours prises en charge à 100% dans Kubernetes. En effet, Kubernetes et Docker fonctionnent tous deux avec des images de conteneurs basées sur les normes Open Container Initiative (OCI).

Vous pouvez ignorer ce chapitre si vous connaissez déjà Docker et la création d'applications conteneurisées. Une application conteneurisée pré-créée est disponible sur Docker Hub que vous pourrez utiliser dans les prochains chapitres.

Toujours là ?

Super ! La démarche que vous suivrez est illustrée à la figure 5.1. Nous allons aborder l'étape 1, mais l'objectif principal sera à l'étape 2 et 3. Le prochain chapitre couvrira l'étape 4.

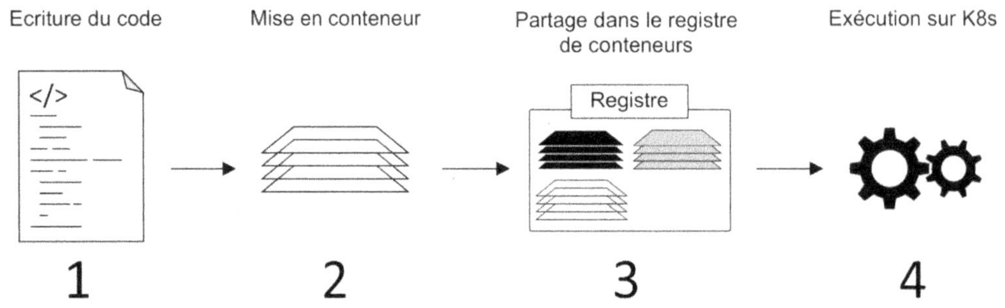

Figure 5.1

Le chapitre est divisé comme suit :

- Prérequis
- Obtenir le code de l'application
- Mettre l'application sous la forme d'un conteneur
- Mettre l'image du conteneur dans un registre

Conditions préalables

Pour créer l'application conteneurisée décrite dans ce chapitre, vous aurez besoin des éléments suivants :

- L'outil en ligne de commande `git`
- Docker
- Un compte Docker Hub (alias Docker ID)

Pour Docker, je vous recommande d'installer *Docker Desktop* (le chapitre 3 explique comment faire).

Les comptes Docker Hub sont gratuits. Allez sur `hub.docker.com` et inscrivez-vous. Vous en aurez besoin si vous souhaitez enregistrer l'application conteneurisée sur Docker Hub dans les étapes ultérieures.

Installer git

Utilisez l'une des méthodes suivantes pour installer l'outil en ligne de commande `git` :

Mac OS en utilisant Homebrew

Si vous avez Homebrew sur votre Mac, vous pouvez utiliser la commande suivante pour installer `git`.

```
$ brew install git

$ git --version
git version 2.30.0
```

Windows 10 en utilisant Chocolatey

Si vous avez Chocolatey sur votre machine Windows, vous pouvez installer `git` avec la commande suivante.

```
> choco install git.install

> git --version
git version 2.30.0
```

Mac OS ou Windows avec le programme d'installation de GitHub Desktop

GitHub Desktop est une interface utilisateur de bureau pour travailler avec GitHub et dispose d'installateurs Mac OS et Windows sur `desktop.github.com`. Une fois téléchargée et installée, vous pouvez l'utiliser pour installer `git`.

Vérifiez votre installation avec la commande `git --version`.

Une fois les prérequis pris en charge, vous êtes prêt à suivre les étapes suivantes afin de créer un exemple d'application dans une image de conteneur (conteneuriser l'application) :

1. Obtenez le code d'application
2. Utilisez Docker pour créer l'image du conteneur
3. Utilisez Docker pour envoyer l'image vers Docker Hub (facultatif)

Obtenir le code de l'application

Le dépôt GitHub du livre contient le code d'une application Web simple. Utilisez la commande suivante pour *cloner le dépôt* sur l'ordinateur sur lequel Docker et `git` sont installés.

L'exécution de cette commande créera un nouveau dossier dans votre répertoire actuel et y copiera le contenu du référentiel.

> **Remarque** : GitHub est une plateforme en ligne d'hébergement et de collaboration de logiciels. Les logiciels hébergés sur GitHub sont organisés en "repos" (dépôts), et le fait de "cloner un repo" est un jargon technique pour faire une copie du logiciel sur votre machine locale. Vous êtes sur le point de le voir en action.

```
$ git clone https://github.com/nigelpoulton/qsk-book.git
Cloning into 'qsk-book'...
```

Vous avez maintenant une copie du référentiel dans un nouveau dossier appelé `qsk-book`. Allez dans le répertoire `qsk-book` et exécutez une commande `ls` pour lister son contenu.

```
$ cd qsk-book

$ ls
App
deploy.yml
pod.yml
readme.md
svc-cloud.yml
svc-local.yml
```

Le dossier `App` est l'endroit où se trouvent le code source de l'application et les fichiers de configuration. Changez de répertoire et listez les fichiers qu'il contient.

```
$ cd App
```

```
$ ls -l
Dockerfile
app.js
bootstrap.css
package.json
views
```

Ces fichiers constituent l'application et il est important de comprendre le rôle de chacun de ces fichiers.

- `Dockerfile`. Ce fichier ne fait pas réellement partie de l'application. Il contient une liste d'instructions que Docker exécute pour créer l'image du conteneur (conteneuriser l'application)
- `app.js` est le fichier principal de l'application. C'est une application Node.js
- `bootstrap.css` est un modèle de feuille de style qui détermine à quoi ressemble la page Web des applications
- `package.json` répertorie les dépendances de l'application
- `views` est un dossier contenant le code HTML de la page Web de l'application

Le fichier qui nous intéresse le plus dans la conteneurisation de l'application est le `Dockerfile`. Il contient des instructions que Docker utilise pour créer l'application dans une image de conteneur. Le nôtre est simple et ressemble à ceci.

```
FROM node:current-slim
LABEL MAINTAINER=nigelpoulton@hotmail.com
COPY . /src
RUN cd /src; npm install
EXPOSE 8080
CMD cd /src && node ./app.js
```

Nous allons expliquer ce que fait chaque ligne.

L'instruction "FROM" indique à Docker que nous voulons utiliser l'image "node :current-slim" comme base pour la nouvelle application. Les applications ont besoin d'un système d'exploitation pour s'exécuter, et cette image de base le fournit.

L'instruction `COPY` indique à Docker de copier l'application et les dépendances du répertoire actuel (désigné par le point ".") dans le répertoire `/src` de l'image `node :current-slim` extraite à l'étape précédente.

L'instruction `RUN` indique à Docker d'exécuter une commande `npm install` depuis le répertoire `/src`. Cela installera les dépendances répertoriées dans `package.json`.

L'instruction `EXPOSE` définit le port réseau sur lequel l'application écoutera. Ceci est également spécifié dans le fichier principal `app.js`.

L'instruction `CMD` est le processus principal de l'application qui s'exécutera lorsque Kubernetes démarrera le conteneur.

En résumé, le Dockerfile dit *Conteneurise notre application, utilise comme système de base l'image `node :current-slim`, copie le code de notre application, installe les dépendances, expose le port réseau et configure l'application pour qu'elle s'exécute.*

Une fois que vous avez cloné le dépôt, il est temps de créer l'image du conteneur.

Construire l'image du conteneur

Le processus de construction d'une application dans une image de conteneur est appelé *conteneurisation*. Lorsque le processus est terminé, l'application est dite *conteneurisée*. Par conséquent, nous utiliserons les termes *image de conteneur* et *application conteneurisée* de manière interchangeable.

Utilisez la commande `docker image build` suivante pour conteneuriser l'application.

- Exécutez la commande depuis le répertoire `../qsk-book/App`
- Remplacez `nigelpoulton` par votre propre identifiant Docker Hub
- Inclure le point (".") à la fin de la commande

```
$ docker image build -t nigelpoulton/qsk-book:1.0 .

[+] Building 66.9s (8/8) FINISHED                        0.1s
<Snip>
=> naming to docker.io/nigelpoulton/qsk-book:1.0         0.0s
```

Confirmez que la nouvelle image de conteneur est présente sur votre ordinateur local. Le nom de votre image peut être différent et la sortie peut afficher plusieurs images.

```
$ docker image ls
REPOSITORY                TAG    IMAGE ID       CREATED          SIZE
nigelpoulton/qsk-book     1.0    e4477597d5e4   3 minutes ago    177MB
```

Si vous utilisez Docker Desktop, vous pouvez voir plusieurs images intitulées "`k8s.gcr...`". Celles-ci exécutent le cluster Docker Desktop Kubernetes local.

À ce stade, vous avez réussi à *conteneuriser* l'application et l'étape suivante consiste à l'héberger dans un registre centralisé.

Héberger l'image sur un registre

Cette section est facultative et vous aurez besoin d'un compte Docker Hub si vous souhaitez suivre. Si vous souhaitez sauter cette partie, vous pouvez utiliser l'image publiquement disponible `nigelpoulton/qsk-book :1.0` dans les étapes ultérieures.

Il existe de nombreux registres de conteneurs. Cependant, nous utiliserons Docker Hub car c'est le plus populaire et le plus facile à utiliser. N'hésitez pas à visiter `hub.docker.com` et à parcourir le registre d'images Docker.

Utilisez la commande suivante pour envoyer votre nouvelle image vers Docker Hub. N'oubliez pas de remplacer "nigelpouton" par votre propre identifiant Docker Hub. Si vous essayez avec `nigelpoulton`, l'opération échouera car vous n'avez pas la permission de copier des images de conteneur vers mes répertoires sur Docker Hub.

```
$ docker image push nigelpoulton/qsk-book:1.0

f4576e76ed1: Pushed
ca60f24a8154: Pushed
0dcc3a6346bc: Mounted from library/node
6f2e5c7a8f99: Mounted from library/node
6752c6e5a2a1: Mounted from library/node
79c320b5a45c: Mounted from library/node
e4b1e8d0745b: Mounted from library/node
1.0: digest: sha256:7c593...7198f1 size: 1787
```

Allez sur `hub.docker.com` et assurez-vous que l'image est présente. N'oubliez pas de parcourir vos propres dépôts.

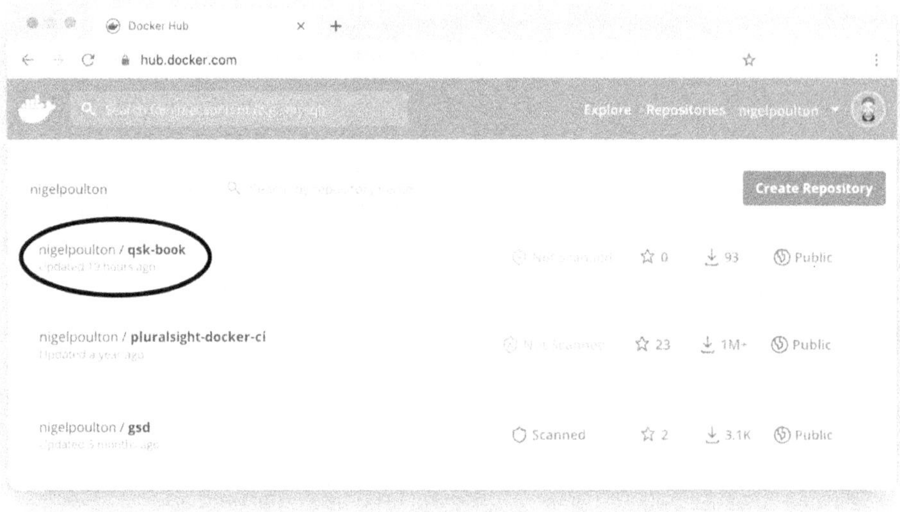

Figure 5.2

À ce stade, vous avez conteneurisé l'application dans une image de conteneur et l'avez transmise au registre Docker Hub. Vous êtes maintenant prêt à le déployer sur Kubernetes.

Résumé du chapitre

Dans ce chapitre, vous avez appris qu'une *application conteneurisée* est une application intégrée à une image de conteneur.

Vous avez utilisé `git` pour cloner le référentiel GitHub de l'application, puis utilisé Docker pour conteneuriser l'application et la transférer vers Docker Hub.

6 : Exécuter une application sur Kubernetes

Dans ce chapitre, vous allez déployer une application conteneurisée simple sur un cluster Kubernetes.

Vous aurez besoin d'un cluster Kubernetes pour cette étape. Consultez le chapitre 3 si vous avez besoin d'aide. Si vous utilisez Docker Desktop sur Windows 10, vous devrez l'exécuter en mode ***conteneurs Linux*** (cliquez avec le bouton droit sur l'icone Docker dans la barre d'état système et choisissez "Passer aux conteneurs Linux").

Si vous avez suivi, vous déploierez l'application que vous avez créée et conteneurisée dans le chapitre précédent. Si vous avez sauté le chapitre précédent, pas de panique, vous pouvez utiliser la copie publiquement disponible de l'application sur Docker Hub.

Voici comment nous allons procéder :

- Vous allez vérifier votre cluster Kubernetes
- Vous allez déployer l'application sur votre cluster Kubernetes
- Vous vous connecterez à l'application

Vérifiez votre cluster Kubernetes

Vous avez besoin de l'outil en ligne de commande `kubectl` et d'un cluster Kubernetes fonctionnel pour suivre ces étapes.

Exécutez la commande suivante pour vérifier que vous êtes connecté à votre cluster Kubernetes et que votre cluster est opérationnel.

Exemple Docker Desktop.

```
$ kubectl get nodes
NAME             STATUS   ROLES    AGE   VERSION
docker-desktop   Ready    master   21h   v1.22.0
```

Notez que le cluster Docker Desktop ne donne qu'un seul nœud en résultat de la commande. C'est parce qu'il s'agit d'un cluster à nœud unique. Dans cette configuration, le nœud unique agit comme un *maître* et un *nœud de travail*. En dehors de cela, les points importants sont que `kubectl` peut communiquer avec votre cluster et que tous les nœuds s'affichent comme `Ready`.

Exemple de Linode Kubernetes Engine (LKE).

```
$ kubectl get nodes
NAME                          STATUS   ROLES    AGE   VERSION
lke16405-20053-5ff63e4400b7   Ready    <none>   5m    v1.22.0
lke16405-20053-5ff63e446413   Ready    <none>   5m    v1.22.0
```

Le nombre de nœuds renvoyés par la commande dépendra du nombre de nœuds que vous avez ajoutés à votre cluster. Les *maîtres* ne sont pas renvoyés dans la sortie car ils sont gérés par la plate-forme cloud LKE et masqués. Vous pouvez être sûr que vous communiquez avec un cluster LKE car les noms de nœud commencent par `lke`. Tous les nœuds doivent être à l'état `Prêt`.

Si `kubectl` se connecte aux mauvais clusters/nœuds et que vous exécutez Docker Desktop, vous pouvez cliquer sur l'icône Docker dans la barre des tâches et sélectionner le bon cluster, comme illustré à la Figure 6.1.

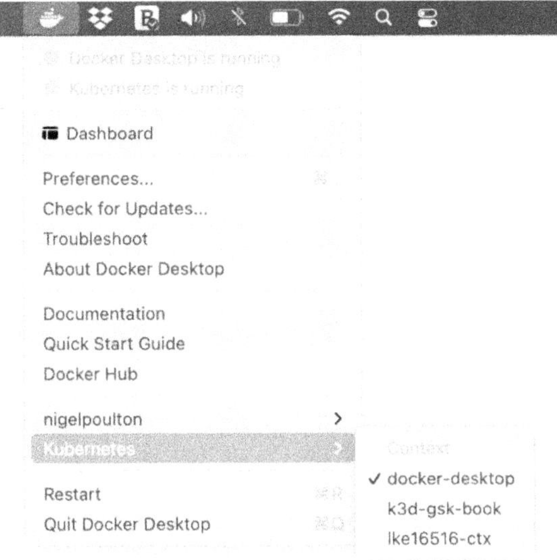

Figure 6.1

Si vous n'utilisez pas Docker Desktop et que `kubectl` se connecte au mauvais cluster, vous pouvez le modifier avec la procédure suivante.

Répertoriez tous les contextes définis dans votre fichier kubeconfig.

```
$ kubectl config get-contexts
CURRENT   NAME             CLUSTER          AUTHINFO
          docker-desktop   docker-desktop   docker-desktop
          k3d-qsk-book     k3d-qsk-book     admin@k3d-qsk-book
*         lke16516-ctx     lke16516         lke16516-admin
```

Le résultat de la commande indique trois contextes et le contexte actuel défini sur `lke16516-ctx`.

La commande suivante bascule vers le contexte `docker-desktop`. Vous devrez peut-être changer de contexte.

```
$ kubectl config use-context docker-desktop
Switched to context "docker-desktop".
```

Tant que la commande `kubectl get nodes` renvoie les bons nœuds et les répertorie comme `Ready`, vous êtes prêt à passer à la section suivante.

Déployer l'application sur Kubernetes

Dans le chapitre précédent, vous avez conteneurisé une application Web Node.js dans une image de conteneur et l'avez stockée sur Docker Hub. Vous êtes sur le point de voir comment déployer cette application sur Kubernetes.

Bien que Kubernetes orchestre et exécute *des containers*, ces conteneurs doivent être encapsulés dans un objet Kubernetes appelé *Pod*.

Un Pod est un emballage léger autour d'un conteneur. En fait, nous utilisons parfois les termes *container* et *Pod* de manière interchangeable. Pour l'instant, il vous suffit de savoir que Kubernetes exécute des conteneurs à l'intérieur des pods. De la même manière que VMware exécute des applications à l'intérieur des machines virtuelles, Kubernetes exécute des applications conteneurisées à l'intérieur des pods.

> **Remarque** : Pour une discussion détaillée sur les Pods, vous pouvez vous référer au livre de Kubernetes (aussi écrit par Nigel Poulton).

Une définition d'un pod Kubernetes

Le pod que vous allez déployer est défini dans un fichier YAML appelé `pod.yml` situé à la racine du référentiel GitHub. Vous pouvez donner au fichier le nom que vous voulez, mais la structure du contenu suit des règles YAML strictes. Si vous ne le savez pas déjà, YAML est le langage couramment utilisé pour les fichiers de configuration. Oh, et c'est pénible sur l'utilisation correcte de l'indentation :-D

```
apiVersion: v1
kind: Pod
metadata:
  name: first-pod
  labels:
    project: qsk-book
spec:
  containers:
    - name: web
      image: nigelpoulton/qsk-book:1.0
      ports:
        - containerPort: 8080
```

Parcourons le fichier et comprenons ce qui y est défini.

Les lignes `apiVersion` et `kind` indiquent à Kubernetes le type et la version de l'objet déployé. Dans ce cas, un objet Pod tel que défini dans l'API `v1`. C'est beaucoup de jargon. Pour faire simple, celà donne l'instruction à Kubernetes de déployer un pod basé sur la version 1 (`v1`) de la spécification du pod.

Le bloc `metadata` liste le nom du pod et un seul label. Le nom nous aide à identifier et à gérer le Pod lorsqu'il est en cours d'exécution. Le label (`project = qsk-book`) est utile pour organiser les pods et les associer à d'autres objets tels que les répartisseurs de charge. Nous verrons les labels en action plus tard.

La section `spec` spécifie le conteneur que ce pod exécutera ainsi que le port sur lequel il opère. Notez que ce Pod exécutera l'application que vous avez conteneurisée dans le chapitre précédent (l'image conteneur `nigelpoulton/qsk-book :1.0`).

La Figure 6.2 montre comment le Pod encapsule le conteneur. N'oubliez pas que cette intégration sous forme de pod est obligatoire pour qu'un conteneur s'exécute sur Kubernetes et qu'il est très léger en ajoutant uniquement des métadonnées.

Pod wrapper

```
apiVersion: v1
kind: Pod
metadata:
  name: first-pod
  labels:
    project: qsk-book
spec:
  containers:
    - name: web-ctr
      image: nigelpoulton/qsk-book:1.0
      ports:
        - containerPort: 8080
```

Conteneur

Figure 6.2

Déployer l'application (Pod)

L'application que vous allez déployer se trouve dans un pod appelé `first-pod` et défini dans un fichier YAML appelé `pod.yml`. Le moyen le plus simple de le déployer consiste à utiliser `kubectl` pour fournir le fichier YAML à Kubernetes.

Exécutez la commande suivante pour répertorier tous les pods qui sont peut-être déjà en cours d'exécution sur votre cluster. Si vous travaillez avec un nouveau cluster, comme expliqué au chapitre 3, vous n'aurez aucun pod en cours d'exécution.

```
$ kubectl get pods
No resources found in default namespace.
```

Déployez le pod `first-pod` avec la commande suivante et vérifiez l'opération. La première commande doit être exécutée à partir du répertoire de votre ordinateur contenant le fichier `pod.yml`. Il s'agit du répertoire racine du référentiel GitHub. Si vous êtes actuellement dans le répertoire `App` (vérifiez avec `pwd`), vous devrez aller dans le répertoire au niveau supérieur avec la commande "`cd ..`".

```
$ kubectl apply -f pod.yml
pod/first-pod created

$ kubectl get pods
NAME        READY   STATUS    RESTARTS   AGE
first-pod   1/1     Running   0          8s
```

Félicitations, l'application fonctionne maintenant sur Kubernetes !

La commande `kubectl apply` vous permet de spécifier un fichier (`-f`) à envoyer au serveur d'API Kubernetes. Kubernetes sauvegardera la définition du pod dans le stockage de cluster et le gestionnaire trouvera des nœuds pour exécuter tout ce qui est défini dans le fichier.

Si vous exécutez la deuxième commande trop tôt après la première, le pod n'a peut-être pas atteint l'état `En cours d'exécution`.

`kubectl` fournit les commandes `get` et `describe` pour récupérer la configuration et l'état des objets. Vous avez déjà vu que `kubectl get` fournit de brèves informations récapitulatives. L'exemple suivant montre que `kubectl describe` renvoie beaucoup plus de détails. En fait, j'ai tronqué la sortie car certains d'entre vous se plaignent si je prends trop de place avec de longues sorties de commande ;-)

```
$ kubectl describe pod first-pod

Name:          first-pod
Namespace:     default
Node:          docker-desktop/192.168.65.3
Labels:        project=qsk-book
Status:        Running
IPs:
  IP:  10.1.0.11
Containers:
  web-ctr:
    Image:           nigelpoulton/qsk-book:1.0
    Port:            8080/TCP
    State:           Running
    <Snip>
Conditions:
  Type              Status
  Initialized       True
  Ready             True
  ContainersReady   True
  PodScheduled      True
Events:
  Type    Reason    Age   From                  Message
  ----    ------    ----  ----                  -------
  <Snip>
  Normal  Created   110s  kubelet               Created container web-ctr
  Normal  Started   110s  kubelet               Started container web-ctr
```

Bien que le Pod soit opérationnel et que l'application soit en cours d'exécution, Kubernetes possède un autre objet qui fournit la connectivité.

Connectez-vous à l'application

La connexion à l'application nécessite un objet distinct appelé Service.

Remarque : “Objet” est un terme technique utilisé pour décrire un composant qui s’exécute sur Kubernetes. Vous avez déjà déployé un *objet* pod. Vous êtes sur le point de déployer un *objet* de service pour fournir une connectivité à l’application s’exécutant dans le pod.

Une définition de Service Kubernetes

Le fichier `svc-local.yml` définit un objet Service pour fournir la connectivité si vous travaillez avec Docker Desktop ou un autre cluster local non cloud. Le fichier `svc-cloud.yml` définit un objet Service pour fournir la connectivité si votre cluster est dans le cloud (utilisez-le si vous avez construit un cluster LKE comme indiqué dans le chapitre 3).

La liste suivante montre le contenu du fichier ‘svc-cloud.yml

```
apiVersion: v1
kind: Service
metadata:
  name: cloud-lb
spec:
  type: LoadBalancer
  ports:
  - port: 80
    targetPort: 8080
  selector:
    project: qsk-book
```

Analysons le contenu de ce fichier.

Les deux premières lignes sont similaires au fichier `pod.yml`. Ils demandent à Kubernetes de déployer un objet Service à l’aide de la spécification `v1`.

La section `metadata` nomme le service `cloud-lb`.

La section “spec” est l’endroit où la magie opère. Le champ `spec.type : LoadBalancer` indique à Kubernetes de provisionner un répartiteur de charge accessible sur Internet sur la plate-forme cloud sous-jacente. Par exemple, si votre cluster s’exécute sur AWS, ce service provisionnera automatiquement un AWS Network Load Balancer (NLB) ou un Classic Load Balancer (CLB). Cette section “spec” configurera un répartiteur de charge accessible sur

Internet sur le cloud sous-jacent qui acceptera le trafic sur le port "80" et le transférera sur le port "8080" vers tous les pods portant le libellé `project : qsk-book`.

Prenons un instant pour digérer ça. Vous pouvez le lire à nouveau.

Le fichier `svc-local.yml` définit un service NodePort au lieu d'un service LoadBalancer. En effet, Docker Desktop et d'autres clusters basés sur des ordinateurs portables n'ont pas accès aux répartiteurs de charge accessibles sur Internet.

Un petit mot sur les labels

Vous vous souvenez peut-être il y a quelque temps que Kubernetes utilisait des *labels* pour associer des objets. Eh bien, regardez attentivement les fichiers `pod.yml` et `svc-cloud.yml` et remarquez comment ils font tous deux référence au label `project : qsk-book`.

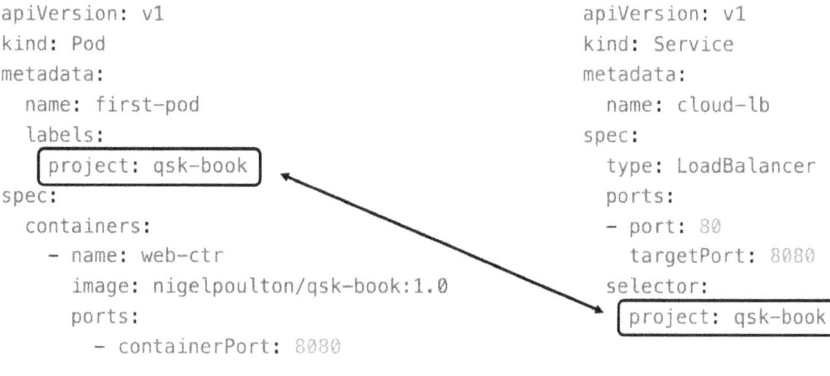

Figure 6.3

Le Pod porte le label, tandis que l'objet Service l'utilise pour sélectionner. Cette combinaison permet au service de transférer le trafic vers tous les pods du cluster portant le label. Kubernetes est également suffisamment intelligent pour conserver une liste à jour de tous les pods portant le label, mise à jour en temps réel.

Actuellement, vous n'avez qu'un seul pod portant le label. Cependant, si vous ajoutez d'autres pods avec le même label, Kubernetes le remarquera et commencera à leur transférer le trafic. Vous verrez cela en action dans le prochain chapitre.

Déployer le service

Comme pour les pods, vous pouvez déployer des objets Service avec `kubectl apply`.

Comme mentionné précédemment, le référentiel GitHub dispose de deux services :

- `svc-cloud.yml` est destiné à être utilisé sur des clusters basés sur le cloud. Nous appellerons celui-ci le "service de répartition de charge"
- `svc-local.yml` est destiné à être utilisé sur des clusters, tels que Docker Desktop, qui ne s'exécutent pas sur des clouds. Nous appellerons celui-ci le "NodePort Service"

Le *LoadBalancer Service* indique à Kubernetes de provisionner l'un des répartiteurs de charge de votre cloud. Il fonctionne avec tous les principaux clouds et constitue un moyen simple d'exposer votre application à Internet.

Le *NodePort Service* expose l'application via chaque nœud du cluster sur un port réseau commun. L'exemple que nous utilisons exposera l'application sur le port `31111` sur chaque nœud du cluster. Si vous utilisez Docker Desktop, cela exposera l'application via `localhost` sur la machine hôte sur laquelle Docker Desktop est installé. Ne vous inquiétez pas si cela vous semble déroutant, nous allons parcourir un exemple et l'expliquer.

Nous examinerons d'abord l'exemple Docker Desktop (non cloud).

Connexion à l'application si votre cluster n'est pas dans le cloud, comme Docker Desktop

La commande suivante déploie un service appelé `svc-local` tel que défini dans le fichier `svc-local.yml` à la racine du référentiel GitHub. Le nom du service et le nom du fichier ne doivent pas nécessairement correspondre, mais vous devez exécuter la commande à partir du répertoire où se trouve le fichier `svc-local.yml`.

```
$ kubectl apply -f svc-local.yml
service/svc-local created
```

Utilisez la commande suivante pour vérifier que le service est opérationnel.

```
$ kubectl get svc
NAME        TYPE      CLUSTER-IP     EXTERNAL-IP   PORT(S)       AGE
svc-local   NodePort  10.108.72.184  <none>        80:31111/TCP  11s
```

Le résultat de la commande indique les informations suivantes.

Le service s'appelle "svc-local" et fonctionne depuis 11 secondes.

La valeur `CLUSTER-IP` est une adresse IP sur le réseau de pods Kubernetes interne et est utilisée par d'autres pods et applications s'exécutant sur le cluster. Nous ne nous connecterons pas à cette adresse.

Comme il s'agit d'un service `NodePort`, il est accessible en se connectant à n'importe quel nœud de cluster sur le port `31111` comme spécifié dans la colonne `PORT(S)`.

Votre sortie répertoriera un autre service appelé `Kubernetes`. Ceci est utilisé en interne par Kubernetes pour la découverte de services.

Maintenant que le service est en cours d'exécution, vous pouvez vous connecter à l'application.

Ouvrez un navigateur Web sur la même machine que votre cluster Kubernetes et tapez "localhost :31111" dans la barre de navigation. Si vous utilisez Docker Desktop, vous devez ouvrir un navigateur sur la machine exécutant Docker Desktop.

> **Avertissement !** Au moment de la rédaction de cet article, Docker Desktop sur Mac OS a un bug qui empêche le mappage du NodePort à l'adaptateur `localhost`. Si votre navigateur ne se connecte pas à l'application, c'est probablement la raison.

La page Web ressemblera à la Figure 6.4

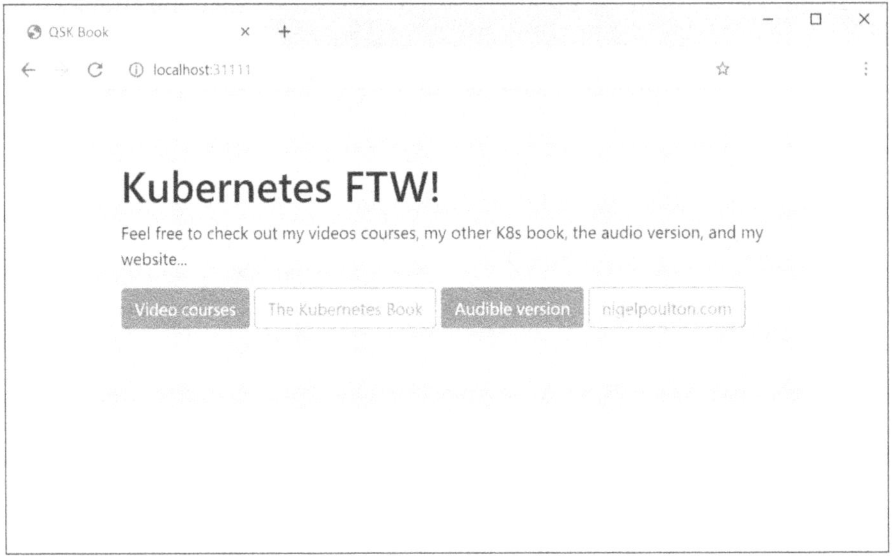

Figure 6.4

Félicitations, vous avez conteneurisé une application, l'avez déployée sur Kubernetes et vous vous y êtes connecté.

Connexion à l'application si votre cluster Kubernetes est dans le cloud

La commande suivante déploie un service de répartition de charge appelé `cloud-lb` tel que défini dans le fichier `svc-cloud.yml` à la racine du référentiel GitHub. Vous devez exécuter la commande à partir du même répertoire que ce fichier.

```
$ kubectl apply -f svc-cloud.yml
service/cloud-lb created
```

Vérifiez le service avec la commande suivante. Vous pouvez également exécuter une commande `kubectl describe svc <service-name>` pour obtenir des informations plus détaillées.

```
$ kubectl get svc
NAME       TYPE           CLUSTER-IP      EXTERNAL-IP      PORT(S)
cloud-lb   LoadBalancer   10.128.29.224   212.71.236.112   80:30956/TCP
```

Votre sortie peut afficher `<pending>` dans la colonne `EXTERNAL-IP` pendant que les choses sont en cours de configuration. Cela peut prendre quelques minutes sur certaines plateformes cloud.

La sortie fournit beaucoup d'informations, alors expliquons les parties qui nous intéressent.

Le service a été créé et le `TYPE` a été correctement défini sur `LoadBalancer`. Un des répartiteurs de charge visible sur Internet a été provisionné dans votre fournisseur de cluster Kubernetes et l'adresse IP "212.71.236.112" indiquée dans la colonne "EXTERNAL-IP" a été attribuée (la vôtre sera différente). Le répartiteur de charge écoute sur le port `80` (la partie "80" de la chaîne `80:30956/TCP`).

Pour faire simple, vous pouvez pointer n'importe quel navigateur vers `212.71.236.112` sur le port `80` pour vous connecter à l'application, comme illustré à la figure 6.5. N'oubliez pas d'utiliser l'adresse IP externe de votre environnement.

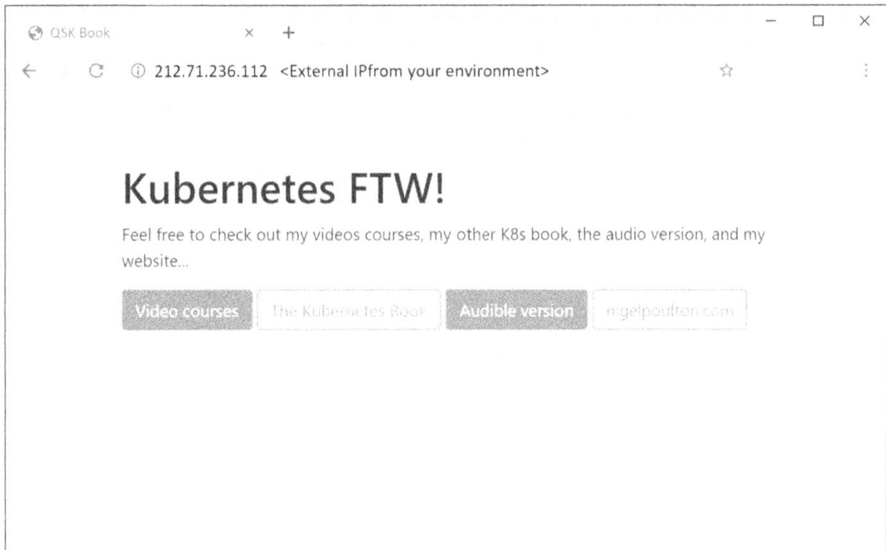

Figure 6.5

Comme pour l'exemple local de Docker Desktop, le `CLUSTER-IP` interne est destiné à être utilisé par d'autres applications s'exécutant dans le cluster Kubernetes, et la valeur à droite des deux points dans la colonne `PORT(S)` est le port de l'application exposé via chaque cluster Node. Par exemple, si vous connaissez les adresses IP de vos nœuds de cluster, vous pouvez vous connecter à l'application en vous connectant à l'adresse IP de n'importe quel nœud sur le port répertorié à droite des deux points.

Félicitations, vous avez conteneurisé une application, vous l'avez déployée sur Kubernetes, provisionné un répartisseur de charge accessible sur Internet et vous vous êtes connecté à l'application.

Nettoyage

Supprimons le pod et le service afin d'avoir un cluster propre au début du chapitre suivant.

Répertoriez tous les services de votre cluster pour obtenir le nom du service que vous avez déployé.

```
$ kubectl get svc
NAME       TYPE           CLUSTER-IP      EXTERNAL-IP      PORT(S)
cloud-lb   LoadBalancer   10.128.29.224   212.71.236.112   80:30956/TCP
...
```

Exécutez les commandes suivantes pour supprimer le service et le pod. L'arrêt du Pod peut prendre quelques secondes en attendant que l'application s'arrête normalement. Assurez-vous d'utiliser le nom du service de votre environnement.

```
$ kubectl delete svc cloud-lb
service "cloud-lb" deleted

$ kubectl delete pod first-pod
pod "first-pod" deleted
```

Résumé du chapitre

Dans ce chapitre, vous avez appris que les applications conteneurisées doivent s'exécuter à l'intérieur de pods si elles veulent s'exécuter sur Kubernetes. Heureusement, les pods sont des constructions légères, ce qui signifie qu'ils n'ajoutent pas de surcharge à votre application.

Vous avez vu un pod simple défini dans un fichier YAML et appris à le déployer sur Kubernetes avec `kubectl apply`. Vous avez également appris à inspecter des pods et d'autres objets Kubernetes, avec `kubectl get` et `kubectl describe`.

Enfin, vous avez appris que vous avez besoin d'un service Kubernetes si vous souhaitez vous connecter à des applications exécutées dans des pods.

Jusqu'à présent, tout va bien, vous avez créé, déployé et connecté une application conteneurisée. Cependant, vous n'avez pas vu d'auto-réparation, de mise à l'échelle ou d'autres fonctionnalités natives du cloud fournies par Kubernetes. Vous ferez tout cela dans les prochains chapitres.

7 : Ajout de la réparation automatique

Dans ce chapitre, vous découvrirez l'objet de déploiement Kubernetes et l'utiliserez pour implémenter et démontrer la réparation automatique.

Le chapitre est organisé comme suit :

- Introduction aux déploiements Kubernetes
- Réparation automatique quand un Pod est en panne
- Réparation automatique quand un nœud est en panne

Introduction aux déploiements Kubernetes

Dans le chapitre 6, vous avez appris que Kubernetes utilise un objet *Service* dédié pour fournir la connectivité réseau aux applications exécutées dans les pods. Il possède un autre objet dédié appelé *Déploiement* pour fournir *la réparation automatique.* En fait, les déploiements permettent également la mise à l'échelle et les mises à jour continues.

Comme pour les objets Pods et Service, les déploiements sont définis dans les fichiers manifestes YAML.

La figure 7.1 montre un manifeste de déploiement. Il est balisé pour montrer comment un conteneur est imbriqué dans un pod et un comment pod est imbriqué dans un déploiement.

```
apiVersion: apps/v1
kind: Deployment
metadata:
  name: qsk-deploy
spec:
  replicas: 5
  selector:
    matchLabels:
      project: qsk-book
  template:
    metadata:
      labels:
        project: qsk-book
    spec:
      containers:
      - name: hello-pod
        imagePullPolicy: Always
        ports:
        - containerPort: 8080
        image: nigelpoulton/qsk-book:1.0
```


Figure 7.1

Cette imbrication, ou encapsulation, est importante pour comprendre le fonctionnement global.

- Le conteneur fournit le système d'exploitation et d'autres dépendances de l'application.
- Le pod fournit des métadonnées et d'autres constructions pour que le conteneur s'exécute sur Kubernetes.
- Le déploiement fournit des fonctionnalités natives du cloud, y compris la réparation automatique.

Comment fonctionnent les déploiements

Il y a deux éléments importants dans le fonctionnement d'un déploiement.

1. L'objet déploiement
2. Le contrôleur de déploiement

L'*objet déploiement* est la configuration YAML qui définit une application. Il indique des éléments tels que le conteneur à exécuter, le port réseau sur lequel écouter et le nombre d'instances (Pods) à déployer.

Le *contrôleur de déploiement* est un processus du système de contrôle qui surveille en permanence le cluster en s'assurant que tous les objets de déploiement s'exécutent comme convenu.

Prenons un exemple simple.

Vous définissez une application dans un manifeste de déploiement Kubernetes. Il définit 5 instances d'un Pod appelé "zephyr-one". Vous utilisez `kubectl` pour envoyer ceci à Kubernetes et Kubernetes planifie les 5 pods sur le cluster.

À ce stade, *état observé* correspond à *état souhaité*. C'est le jargon pour dire que le cluster exécute ce que vous lui avez demandé. Mais disons qu'un nœud échoue et que le nombre de pods "zephyr-one" tombe à 4. *L'état observé* ne correspond plus à l'*état souhaité* et vous avez un problème.

Pas de panique. Le contrôleur de déploiement surveille le cluster et verra le changement. Il sait que vous désirez 5 pods, mais il ne peut en observer que 4. Il démarrera donc un 5eme pod pour ramener l'*état observé* en ligne avec l'*état souhaité*. Ce processus est appelé *réconciliation*.

Voyons-le en action.

Auto-réparation suite à un échec du Pod

Dans cette section, vous allez déployer 5 réplicas d'un pod via un déploiement Kubernetes. Après cela, vous supprimerez manuellement un pod et verrez l'auto-réparation de Kubernetes.

Vous utiliserez le manifeste `deploy.yml` à la racine du référentiel GitHub. Comme le montre l'extrait suivant, il définit 5 réplicas de pod exécutant l'application que vous avez conteneurisée dans les chapitres précédents. Le YAML affiché est annoté pour vous aider à le comprendre.

```
kind: Deployment                    <<== Type d'objet défini
apiVersion: apps/v1                 <<== Version de la spécification d'o\
bjet
metadata:
  name: qsk-deploy
spec:
  replicas: 5                       <<== Le nombre d'instances
  selector:
    matchLabels:                    <<== Indique au contrôleur de déploi\
ement
      project: qsk-book             <<== quels Pods gérer
  template:
    metadata:
      labels:
        project: qsk-book           <<== Label du Pod
    spec:
      containers:
      - name: qsk-pod
        imagePullPolicy: Always            <<== Ne jamais utiliser d'ima\
ges locales
        ports:
        - containerPort: 8080              <<== port réseau
        image: nigelpoulton/qsk-book:1.0  <<== Image contenant l'applic\
ation
```

> **Terminologie** : les termes *Pod*, *instance* et *réplique* sont utilisés pour signifier la même chose : une instance d'un pod exécutant une application conteneurisée. J'utilise généralement "réplique".

Recherchez les pods et les déploiements déjà en cours d'exécution sur votre cluster.

```
$ kubectl get pods
No resources found in default namespace.

$ kubectl get deployments
No resources found in default namespace.
```

Utilisez maintenant `kubectl` pour déployer le Déploiement sur votre cluster. La commande doit s'exécuter à partir du dossier contenant le fichier `deploy.yml`.

```
$ kubectl apply -f deploy.yml
deployment.apps/qsk-deploy created
```

Vérifiez l'état du déploiement et des pods qu'il gère.

```
$ kubectl get deployments
NAME         READY   UP-TO-DATE   AVAILABLE   AGE
qsk-deploy   5/5     5            5           4m

$ kubectl get pods
NAME                     READY   STATUS     RESTARTS   AGE
qsk-deploy-6999...wv8    0/1     Running    0          4m
qsk-deploy-6999...9nl    0/1     Running    0          4m
qsk-deploy-6999...g8t    0/1     Running    0          4m
qsk-deploy-6999...xp7    0/1     Running    0          4m
qsk-deploy-6999...l7f    0/1     Running    0          4m
```

Vous pouvez voir que 5 répliques sur 5 sont en cours d'exécution et prêtes. Le contrôleur de déploiement s'exécute également sur le système de contrôle pour surveiller l'état des composants.

Panne d'un pod

Il est possible que les Pods et les applications qu'ils exécutent plantent ou échouent. Kubernetes peut *tenter* de réparer automatiquement ce genre de situation, en démarrant un nouveau pod afin de remplacer celui en échec.

Utilisez `kubectl delete pod` pour supprimer manuellement l'un des pods (consultez le résultat de la commande précédente `kubectl get pods` pour une liste des noms de pods).

```
$ kubectl delete pod qsk-deploy-69996c4549-r59nl
pod "qsk-deploy-69996c4549-r59nl" deleted
```

Dès que le pod est supprimé, le nombre de pods dans le cluster tombe à 4 et ne correspond plus à l'*état souhaité* de 5. Le contrôleur de déploiement le remarquera et démarrera automatiquement un nouveau pod pour ramener le nombre observé de pods à 5.

Obtenez la liste des pods pour voir si un nouveau pod a été démarré.

```
$ kubectl get pods
NAME                          READY   STATUS    RESTARTS   AGE
qsk-deploy-69996c4549-mwl7f   1/1     Running   0          20m
qsk-deploy-69996c4549-9xwv8   1/1     Running   0          20m
qsk-deploy-69996c4549-ksg8t   1/1     Running   0          20m
qsk-deploy-69996c4549-qmxp7   1/1     Running   0          20m
qsk-deploy-69996c4549-hd5pn   1/1     Running   0          5s
```

Félicitations ! Il y a 5 pods en cours d'exécution et Kubernetes a effectué la réparation automatique sans avoir besoin de votre aide.

Notez également que le dernier pod de la liste ne fonctionne que depuis 5 secondes. Il s'agit du pod de remplacement que Kubernetes a démarré afin de réconcilier l'état souhaité.

Voyons maintenant comment Kubernetes gère une défaillance de nœud.

Réparation automatique d'une défaillance de nœud

Lorsqu'un nœud est en panne, tous les pods qui y sont exécutés sont perdus. Si ces pods sont gérés par un contrôleur tel qu'un déploiement, des remplaçants seront lancés sur d'autres nœuds du cluster.

> **Remarque** : Si votre cluster se trouve sur un cloud qui implémente des *pools de nœuds*, le nœud défaillant peut également être remplacé. Il s'agit d'une fonctionnalité de pool de nœuds et d'infrastructure cloud, et non d'une fonctionnalité de déploiements.

Vous ne pouvez suivre les étapes de cette section que si vous disposez d'un cluster à plusieurs nœuds et que vous avez la possibilité de supprimer des nœuds. Si vous avez construit un cluster multi-nœuds sur Linode Kubernetes Engine, comme expliqué au chapitre 3, vous pouvez suivre. Si vous utilisez un cluster Docker Desktop à nœud unique, vous devrez vous contenter de lire.

La commande suivante liste tous les pods de votre cluster et le nœud sur lequel chaque pod s'exécute. La sortie de la commande a été tronquée pour s'adapter au livre.

```
$ kubectl get pods -o wide
NAME          READY   STATUS     <Snip>   NODE
qsk...mwl7f   1/1     Running    ...      lke...98
qsk...9xwv8   1/1     Running    ...      lke...98
qsk...ksg8t   1/1     Running    ...      lke...1a
qsk...qmxp7   1/1     Running    ...      lke...1a
qsk...hd5pn   1/1     Running    ...      lke...1a
```

On peut voir comment les deux nœuds exécutent plusieurs pods. L'étape suivante supprimera un nœud qui emportera tous les pods avec lui. L'exemple supprimera le nœud `lke...98`.

Le processus suivant montre comment supprimer un nœud de cluster sur Linode Kubernetes Engine (LKE). La suppression d'un nœud de cette manière simule une défaillance soudaine du nœud.

1. Affichez votre cluster LKE dans la Linode Cloud Console
2. Faites défiler jusqu'à `Pools de nœuds`
3. Cliquez sur l'un de vos nœuds pour l'explorer
4. Cliquez sur les trois points et supprimez le nœud comme le montre la figure 7.2

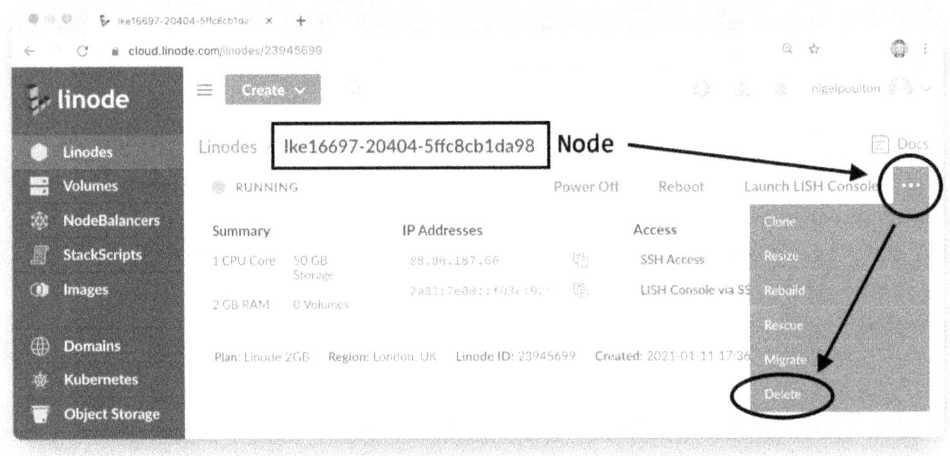

Figure 7.2

Vérifiez que le nœud a été supprimé. Si vous attendez trop longtemps pour exécuter cette commande, LKE remplacera le nœud supprimé. Cela peut prendre une minute ou deux pour que le nœud manquant s'affiche dans la sortie de la commande.

```
$ kubectl get nodes
NAME                STATUS     ROLES     AGE    VERSION
lke...98            Ready      <none>    3d1h   v1.22.0
lke...1a            NotReady             3d1h   v1.22.0
```

Une fois que Kubernetes verra que le nœud est `NotReady`, il remarquera également le ou les pods manquants et créera des remplaçants. Vérifiez ceci. Cela peut prendre quelques secondes pour que les pods de remplacement atteignent l'état Running.

```
$ kubectl get pods
NAME          READY   STATUS              <Snip>   NODE
qsk...ksg8t   1/1     Running             ...      lke...1a
qsk...qmxp7   1/1     Running             ...      lke...1a
qsk...hd5pn   1/1     Running             ...      lke...1a
qsk...6bqmk   0/1     ContainerCreating   ...      lke...1a
qsk...ps9nt   0/1     ContainerCreating   ...      lke...1a

<accélération>

$ kubectl get deployments
NAME         READY   UP-TO-DATE   AVAILABLE   AGE
qsk-deploy   5/5     5            5           18m
```

Le résultat de la commande montre que Kubernetes a créé deux nouveaux pods pour remplacer ceux perdus lors de la suppression du nœud `lke...98`. Tous les nouveaux pods étaient programmés sur `lke...1a` car il s'agissait du seul nœud survivant dans le cluster.

Après environ une minute, LKE aura remplacé le nœud supprimé et renvoyé le cluster à 2 nœuds. Il s'agit d'une fonctionnalité de LKE et non de l'objet de déploiement Kubernetes. Cela fonctionne parce que l'implémentation par LKE des *pools de nœuds* a la notion d'*état souhaité*. Lorsque le cluster a été créé, j'ai demandé deux nœuds. Lorsqu'un nœud a été supprimé, LKE a remarqué le changement d'état et a ajouté un nouveau nœud au cluster pour ramener l'état observé à l'état souhaité.

Bien que votre cluster soit de retour à deux nœuds, Kubernetes ne rééquilibrera pas les pods sur les deux nœuds. En conséquence, vous vous retrouverez avec un cluster à deux nœuds et les 5 pods s'exécutant sur un seul nœud.

Résumé du chapitre

Dans ce chapitre, vous avez appris que Kubernetes possède un objet appelé Déploiement qui implémente plusieurs fonctionnalités natives du cloud. Vous avez appris qu'un contrôleur de déploiement s'exécute dans le système de contrôle pour s'assurer que l'état actuel du cluster correspond à ce que vous avez demandé.

Vous avez également vu comment les déploiements encapsulent une spécification de pod, qui à son tour encapsule un conteneur, qui à son tour héberge une application et des dépendances.

Vous avez utilisé `kubectl` pour déployer une application via un objet de déploiement et testé la réparation automatique. Vous avez cassé manuellement un pod et un nœud, et avez regardé Kubernetes réparer (remplacer) tous les pods perdus.

Linode Kubernetes Engine a également remplacé le nœud supprimé/cassé. Ce n'est pas une fonctionnalité des déploiements Kubernetes, et d'autres plates-formes cloud prennent également en charge la réparation automatique des nœuds qui font partie d'un *pool de nœuds.*

8: Réplication des instances applicatives

Dans ce chapitre, vous utiliserez quelques méthodes pour augmenter et réduire le nombre de répliques de pod dans un déploiement.

Les méthodes que vous utiliserez sont *manuelles* et nécessitent un humain pour les implémenter. Kubernetes dispose d'un objet distinct, appelé *Horizontal Pod Autoscaler (HPA)*, pour la mise à l'échelle automatique. Cependant, cela dépasse le cadre de ce livre.

Le chapitre est divisé comme suit.

- Conditions préalables
- Augmentation manuelle des répliques de l'application
- Réduction manuelle des répliques de l'application

Conditions préalables

Si vous avez suivi jusque là, vous devriez avoir un cluster Kubernetes exécutant 5 répliques d'une application que vous avez conteneurisée. Vous pouvez passer à la section "Mettre à l'échelle une application".

Si vous n'avez pas suivi, exécutez la commande suivante pour déployer 5 répliques de l'application conteneurisée sur votre cluster. Assurez-vous d'exécuter la commande à partir du répertoire contenant le fichier `deploy.yml`.

```
$ kubectl apply -f deploy.yml
deployment.apps/qsk-deploy created
```

Exécutez la commande `kubectl get deployments` pour vous assurer que l'application est en cours d'exécution.

```
$ kubectl get deployments
NAME         READY   UP-TO-DATE   AVAILABLE   AGE
qsk-deploy   5/5     5            5           4m
```

Dès que 5 répliques sont en cours d'exécution, vous pouvez passer à la suite.

Faire évoluer une application

Dans cette section, vous allez modifier manuellement le fichier YAML de déploiement, augmenter le nombre de réplicas à 10 et le renvoyer à Kubernetes.

Vérifiez le nombre actuel de répliques.

```
$ kubectl get deployment qsk-deploy
NAME         READY   UP-TO-DATE   AVAILABLE   AGE
qsk-deploy   5/5     5            5           4h33m
```

Modifiez le fichier `deploy.yml` et définissez le champ `spec.replicas` sur 10 et **enregistrez vos modifications**.

```
apiVersion: apps/v1
kind: Deployment
metadata:
  name: qsk-deploy
spec:
  replicas: 5            <<== Modifiez cette valeur à 10
  selector:
    matchLabels:
      project: qsk-book
<Snip>
```

Utilisez `kubectl` pour appliquer le fichier mis à jour à Kubernetes. Lorsque Kubernetes recevra le fichier, il changera l'*état souhaité* stocké de 5 répliques à 10. Le contrôleur de déploiement observera 5 répliques sur le cluster et remarquera qu'il ne correspond pas au nouvel état souhaité de 10. Il lancera 5 nouvelles répliques pour aligner l'état observé sur l'état souhaité.

Assurez-vous d'avoir enregistré vos modifications.

```
$ kubectl apply -f deploy.yml
deployment.apps/qsk-deploy configured
```

Exécutez quelques commandes pour vérifier l'état du déploiement et le nombre de pods.

```
$ kubectl get deployment qsk-deploy
NAME          READY   UP-TO-DATE   AVAILABLE   AGE
qsk-deploy    10/10   10           10          4h43m

$ kubectl get pods
NAME                          READY   STATUS    RESTARTS   AGE
qsk-deploy-bbc5cf95d-58r44    1/1     Running   0          4h43m
qsk-deploy-bbc5cf95d-6bqmk    1/1     Running   0          4h26m
qsk-deploy-bbc5cf95d-jlrjc    1/1     Running   0          16s
qsk-deploy-bbc5cf95d-n2t2d    1/1     Running   0          16s
qsk-deploy-bbc5cf95d-npk4c    1/1     Running   0          4h43m
qsk-deploy-bbc5cf95d-plcj2    1/1     Running   0          4h43m
qsk-deploy-bbc5cf95d-ps9nt    1/1     Running   0          4h26m
qsk-deploy-bbc5cf95d-vbxx9    1/1     Running   0          16s
qsk-deploy-bbc5cf95d-wpx2h    1/1     Running   0          16s
qsk-deploy-bbc5cf95d-zr2jp    1/1     Running   0          16s
```

Le démarrage des pods supplémentaires peut prendre quelques secondes, mais vous pouvez les identifier en fonction de leur âge.

Si vous avez suivi les exemples du chapitre précédent, les 5 nouveaux Pods seront probablement tous programmés sur le nouveau nœud. Cela prouve que Kubernetes est suffisamment intelligent pour planifier les nouveaux pods afin que les 10 soient équilibrés entre les nœuds disponibles dans le cluster.

Toutes nos félicitations. Vous avez redimensionné manuellement l'application en augmentant le nombre de répliques de 5 à 10.

Réduire la taille d'une application

Dans cette section, vous utiliserez `kubectl` pour réduire le nombre de pods à 5.

Exécutez la commande suivante.

```
$ kubectl scale --replicas 5 deployment/qsk-deploy
deployment.apps/qsk-deploy scaled
```

Vérifiez le nombre de Pods. Comme toujours, la stabilisation de l'état du cluster peut prendre quelques secondes.

```
$ kubectl get pods
qsk-deploy-bbc5cf95d-58r44   1/1     Running   0          4h55m
qsk-deploy-bbc5cf95d-6bqmk   1/1     Running   0          4h37m
qsk-deploy-bbc5cf95d-npk4c   1/1     Running   0          4h55m
qsk-deploy-bbc5cf95d-plcj2   1/1     Running   0          4h55m
qsk-deploy-bbc5cf95d-ps9nt   1/1     Running   0          4h37m
```

Toutes nos félicitations. Vous avez réduit manuellement votre application à 5 répliques.

Note importante

Effectuer des opérations de redimensionnement avec `kubectl scale` peut être dangereux.

Si vous avez bien suivi, vous devriez avoir 5 réplicas en cours d'exécution sur le cluster. Cependant, le fichier `deploy.yml` définit toujours 10. Si à une date ultérieure vous modifiez le fichier `deploy.yml` pour spécifier une nouvelle version de l'image du conteneur et que vous l'appliquez à Kubernetes, vous augmenterez également le nombre de répliques à 10. Ce n'est peut-être pas ce que vous voulez.

Vous devez faire très attention à cela en situation réelle, car cela peut causer de graves problèmes. Dans cet esprit, il est généralement judicieux de choisir une méthode unique pour effectuer toutes les opérations de mise à jour, soit via la ligne de commande, soit en modifiant les fichiers YAML. Il est largement préférable d'utiliser cette dernière méthode pour modifier les fichiers YAML et les appliquer à Kubernetes.

Modifiez le fichier `deploy.yml` et redéfinissez le nombre de répliques à 5 et enregistrez vos modifications. Il correspond désormais à ce qui est déployé sur votre cluster.

Résumé du chapitre

Dans ce chapitre, vous avez appris à redimensionner manuellement un déploiement en modifiant son fichier YAML. Vous avez également appris à effectuer ces opérations avec la commande `kubectl scale`.

Vous avez vu Kubernetes tenter d'équilibrer les nouveaux pods sur tous les nœuds du cluster. Kubernetes a également un autre objet qui peut *automatiquement* mettre à l'échelle les pods en fonction de la demande.

9 : Effectuer une mise à jour continue

Dans ce chapitre, vous allez effectuer une *mise à jour progressive sans interruption de service.* Si vous n'êtes pas sûr de ce que c'est, tant mieux ! Vous êtes sur le point de le découvrir.

Nous partagerons ce chapitre comme suit.

- Conditions préalables
- Mettre à jour de l'application

Toutes les étapes de ce chapitre peuvent être effectuées sur les clusters Docker Desktop et Linode Kubernetes Engine (LKE) comme montré dans le chapitre 3. Vous pouvez également utiliser d'autres clusters Kubernetes.

Conditions préalables

Si vous avez suivi les autres chapitres, vous aurez tout en place pour terminer celui-ci. Si c'est le cas, passez à la section suivante.

Si vous n'avez pas suivi, suivez ces étapes pour configurer votre environnement de test.

1. Obtenir un cluster Kubernetes et configurez `kubectl` (voir chapitre 3)
2. Cloner les dépôts GitHub des livres (voir chapitre 5)
3. Déployer l'exemple d'application et le service avec la commande suivante

Les commandes suivantes doivent être exécutées à partir du dossier contenant les fichiers YAML.

Exemple de Docker Desktop/cluster local

```
$ kubectl apply -f deploy.yml -f svc-local.yml
deployment.apps/qsk-deploy created
service/svc-local created
```

Exemple avec Linode Kubernetes Engine (LKE)/cluster cloud

```
$ kubectl apply -f deploy.yml -f svc-cloud.yml
deployment.apps/qsk-deploy created
service/cloud-lb created
```

Exécutez la commande `kubectl get deploys` et `kubectl get svc` pour vous assurer que l'application et le service sont en cours d'exécution.

```
$ kubectl get deployments
NAME          READY   UP-TO-DATE   AVAILABLE   AGE
qsk-deploy    5/5     5            5           4m

NAME          TYPE       CLUSTER-IP      EXTERNAL-IP   PORT(S)          AGE
svc-local     NodePort   10.128.97.167   <none>        8080:31111/TCP   4m
```

Cela peut prendre une minute pour que les Pods entrent dans la phase `d'exécution`, mais dès que c'est fait, vous pouvez passer à la section suivante.

Mettre à jour l'application

L'application fonctionne avec 5 répliques. Vous pouvez le vérifier avec `kubectl get deployments`.

Vous allez configurer une mise à jour continue qui oblige Kubernetes à mettre à jour une réplique à la fois de manière méthodique jusqu'à ce que les 5 répliques exécutent la nouvelle version. Kubernetes propose de nombreuses options pour contrôler le déroulement de la mise à jour, mais nous resterons dans la simplicité et vous laisserons explorer des options plus avancées à votre rythme.

Vous effectuerez les étapes suivantes.

1. Modifiez le fichier `deploy.yml` pour spécifier une nouvelle version et configurer les paramètres de mise à jour

2. Renvoyez le fichier YAML à Kubernetes
3. Observez le processus
4. Testez la nouvelle version de l'application

Modifier le fichier YAML de déploiement

Ouvrez le fichier `deploy.yml` et modifiez la dernière ligne (26) pour référencer la version 1.1 de l'image. Ajoutez également les 6 nouvelles lignes (10-15) comme indiqué dans la liste suivante.

```
1 apiVersion: apps/v1
2 kind: Deployment
3 metadata:
4   name: qsk-deploy
5 spec:
6   replicas: 5
7   selector:
8     matchLabels:
9       project: qsk-book
10  minReadySeconds: 20         <<== Ajoutez cette ligne
11  strategy:                   <<== Ajoutez cette ligne
12    type: RollingUpdate       <<== Ajoutez cette ligne
13    rollingUpdate:            <<== Ajoutez cette ligne
14      maxSurge: 1             <<== Ajoutez cette ligne
15      maxUnavailable: 0       <<== Ajoutez cette ligne
16  template:
17    metadata:
18      labels:
19        project: qsk-book
20    spec:
21      containers:
22      - name: hello-pod
23        imagePullPolicy: Always
24        ports:
25        - containerPort: 8080
26        image: nigelpoulton/qsk-book:1.1    <<== Set to 1.1
```

Nous expliquerons le sens des nouvelles lignes par la suite. Pour l'instant, quelques points sur les mises à jour.

YAML est obsédé par l'indentation appropriée. Assurez-vous donc d'avoir mis en retrait à chaque nouvelle ligne le nombre correct d'***espaces***. De plus, le fichier utilise des espaces et **pas des tabulations** pour l'indentation. Vous ne pouvez pas combiner tabulations et espaces dans le même fichier, vous devez donc **utiliser des espaces au lieu de tabulations**.

Kubernetes est également strict sur l'utilisation de *camelCase* et *PascalCase*. Assurez-vous d'utiliser la bonne casse pour tout le texte.

Si vous rencontrez des problèmes lors de la modification du fichier, une version pré-remplie se trouve dans le référentiel GitHub appelé `rolling-update.yml`. Vous pouvez l'utiliser à la place.

Enregistrez vos modifications.

Comprendre les paramètres de mise à jour

L'étape suivante consiste à envoyer le fichier mis à jour à Kubernetes. Mais expliquons la signification des lignes que vous avez ajoutées.

```
10  minReadySeconds: 20
11  strategy:
12    type: RollingUpdate
13    rollingUpdate:
14      maxSurge: 1
15      maxUnavailable: 0
```

`minReadySeconds` à la ligne 10 indique à Kubernetes d'attendre 20 secondes après la mise à jour de chaque réplique. Ainsi... Kubernetes mettra à jour la première réplique, attendra 20 secondes, mettra à jour la deuxième réplique, attendra 20 secondes, mettra à jour la troisième... et ainsi de suite.

Une telle attente vous donne la possibilité d'exécuter des tests et de vous assurer que les nouvelles répliques fonctionnent comme prévu. Dans le monde réel, vous attendrez probablement plus de 20 secondes.

De plus, Kubernetes n'est pas réellement en train de *mettre à jour* les répliques. Il supprime la réplique existante et la remplace par une nouvelle exécutant la nouvelle version.

Les lignes 11 et 12 obligent Kubernetes à effectuer toutes les mises à jour de ce déploiement en tant que *mises à jour continues.*

Les lignes 14 et 15 obligent Kubernetes à mettre à jour un pod à la fois. ça marche comme ça...

La ligne 14 permet à Kubernetes d'ajouter un pod supplémentaire lors d'une opération de mise à jour. Nous avons 5 Pods, donc Kubernetes peut augmenter ce nombre à 6 pendant la mise à jour. La ligne 15 empêche Kubernetes de réduire le nombre de pods lors d'une mise à jour. Nous avons demandé 5 pods, donc Kubernetes n'est pas autorisé à descendre plus bas. Lorsqu'elles sont combinées, les lignes 14 et 15 obligent Kubernetes à mettre à jour (remplacer) un pod à la fois.

Effectuez la mise à jour progressive

Assurez-vous d'avoir enregistré les modifications et appliquez le fichier mis à jour à Kubernetes.

```
$ kubectl apply -f deploy.yml
deployment.apps/qsk-deploy configured
```

Kubernetes va maintenant commencer à remplacer les pods, un par un, avec une attente de 20 secondes entre chacun.

Surveiller et vérifier la mise à jour continue

Vous pouvez surveiller la progression du travail avec la commande suivante. La sortie a été tronquée pour s'adapter à la page.

```
$ kubectl rollout status deployment qsk-deploy
Waiting for rollout to finish: 1 out of 5 have been updated...
Waiting for rollout to finish: 1 out of 5 have been updated...
Waiting for rollout to finish: 2 out of 5 have been updated...
Waiting for rollout to finish: 2 out of 5 have been updated...
Waiting for rollout to finish: 3 out of 5 have been updated...
Waiting for rollout to finish: 3 out of 5 have been updated...
Waiting for rollout to finish: 4 out of 5 have been updated...
Waiting for rollout to finish: 4 out of 5 have been updated...
Waiting for rollout to finish: 2 old replicas are pending termination...
Waiting for rollout to finish: 1 old replicas are pending termination...
deployment "qsk-deploy" successfully rolled out
```

Vous pouvez également pointer votre navigateur Web sur l'application et continuer à actualiser la page. Certaines de vos demandes afficheront la version originale de l'application et d'autres afficheront la nouvelle version. Une fois que les 5 réplicas seront à jour, toutes les demandes renvoient la nouvelle version.

Figure 9.1

Toutes nos félicitations. Vous avez effectué avec succès une mise à jour continue d'une application.

Nettoyage

C'est la fin du livre ! Félicitations, vous connaissez maintenant les fondamentaux de Kubernetes et du cloud natif.

Les commandes suivantes montrent comment supprimer le déploiement et le service de votre cluster.

Assurez-vous d'utiliser le nom de service correct pour votre cluster.

```
$ kubectl delete deployment qsk-deploy
deployment.apps "qsk-deploy" deleted

$ kubectl delete svc cloud-lb
service "cloud-lb" deleted
```

Si votre cluster est sur le cloud, **assurez-vous de le supprimer lorsque vous n'en avez plus besoin**. Ne pas le faire entraînera des coûts indésirables.

Résumé du chapitre

Dans ce chapitre, vous avez appris à effectuer une mise à jour continue d'une application déployée via un objet de déploiement Kubernetes.

Vous avez modifié le fichier YAML de déploiement et ajouté des instructions qui contrôlaient le déroulement de la mise à jour continue. Vous avez modifié la version de l'image de l'application et envoyé la configuration mise à jour à Kubernetes. Vous avez également surveillé et vérifié l'opération.

10 : Les prochaines étapes

Félicitations pour avoir terminé le livre, j'espère vraiment que cela vous a aidé !

Si vous avez tout lu et suivi les exemples, vous avez les bases et vous êtes prêt à franchir les prochaines étapes.

Voici quelques suggestions. Et oui, je recommande mes propres ouvrages. Mais voici la vérité…

- Si vous avez aimé ce livre, vous allez adorer mes autres publications
- Je suis très occupé et je n'ai pas la chance de lire et de tester les trucs des autres

Bien sûr, si vous n'avez pas aimé ce livre, je suis déçu. Mais c'est comme ça, et vous n'aimerez probablement pas non plus les autres livres. N'hésitez pas à me contacter et à me dire ce qui vous a déplu.

Autres livres

Mon autre livre, Le livre Kubernetes, est régulièrement répertorié comme un best-seller sur Amazon et a le plus grand nombre d'étoiles d'Amazon de tous les livres sur Kubernetes. Il est écrit dans le même style que ce livre mais couvre beaucoup plus et va dans beaucoup plus de détails. Il est également mis à jour chaque année, donc si vous l'achetez, vous obtiendrez la toute dernière version.

The Kubernetes Book

by Nigel Poulton

653

Figure 10.1

Il y a aussi une version audio dont on me dit qu'elle est vraiment bonne à écouter.

Oh, et il y a aussi une édition du livre Kubernetes en hommage aux Klingons ! Cette édition a une couverture écrite en klingon avec une intro spéciale. Le reste du livre est en anglais. Si vous aimez Star Trek, c'est un incontournable.

The Kubernetes Book
Klingon Edition

The Kubernetes Book
Borg Edition

Figure 10.2

Cours vidéo

Je suis un grand fan des cours vidéo. C'est tellement plus facile d'expliquer les choses et de s'amuser.

Je recommande ce qui suit, et les deux plates-formes proposent généralement des offres que vous pouvez essayer avant d'acheter.

1. Docker et Kubernetes : la vue d'ensemble (pluralsight.com)
2. Premiers pas avec Docker (pluralsight.com)
3. Premiers pas avec Kubernetes (pluralsight.com)
4. Kubernetes Deep Dive (acloud.guru)

Vous pouvez voir une liste de tous mes cours vidéo sur `nigelpoulton.com/video-courses`

Événements

Je suis un grand fan d'événements communautaires. Je préfère les événements en personne et nous en avons eu de bons, au cours des deux dernières années.

Mon événement en personne préféré est KubeCon et je vous recommande vivement d'y assister si vous le pouvez.

Je recommande également les rencontres communautaires locales. Il suffit de rechercher sur Google l'un des éléments suivants pour en trouver un près de chez vous.

- "Rencontre Kubernetes près de chez moi"
- "Rencontre cloud natif près de chez moi"

Vous devrez désactiver temporairement tout VPN ou autre outil de confidentialité du navigateur pour que ces recherches fonctionnent ;-)

Restons en contact

Je suis un fan de technologie et j'aime rester connecté avec mes lecteurs. Bien que je ne puisse pas faire un support technique gratuit, je suis plus qu'heureux de vous aider si vous êtes bloqués avec les bases. Surtout, n'ayez pas peur de vous connecter, je suis un gars sympa :-D

- twitter.com/nigelpouton
- https ://www.linkedin.com/in/nigelpoulton/

Montrez un peu d'amour

J'adorerais que vous laissiez une revue et une note au livre sur Amazon, même si ce n'est pas 5 étoiles. Vous pouvez même laisser une revue Amazon si vous avez acheté le livre ailleurs !

Longue vie et prospérité. Ciao.

Appendix A : Code des exercices

Cette annexe contient tous les exercices du livre, dans l'ordre. Cela suppose que vous avez un cluster Kubernetes, Docker installé, Git installé et configuré `kubectl` pour parler à votre cluster.

Je l'ai inclus pour faciliter la lecture des exercices pour une pratique pratique supplémentaire. C'est également utile si vous essayez de vous souvenir d'une commande ou d'un exemple particulier mais que vous ne vous souvenez pas de quel chapitre elle provient.

Chapitre 5 : Création d'une application conteneurisée

Clonez le dépôt GitHub du livre.

```
$ git clone https://github.com/nigelpoulton/qsk-book.git
Cloning into 'qsk-book'...
```

Allez dans le répertoire `qsk-book/App` et excécutez la commande `ls` pour lister son contenu.

```
$ cd qsk-book/App

$ ls
Dockerfile   app.js   bootstrap.css
package.json   views
```

Exécutez la commande suivante pour créer une image de conteneur de l'application du repo cloné. Vous devez exécuter la commande à partir du répertoire `App`. Si vous avez un compte Docker Hub, assurez-vous d'utiliser votre propre ID Docker.

```
$ docker image build -t nigelpoulton/qsk-book:1.0 .

[+] Building 66.9s (8/8) FINISHED                       0.1s
<Snip>
=> naming to docker.io/nigelpoulton/qsk-book:1.0        0.0s
```

Vérifiez que l'image est présente sur votre ordinateur local.

```
$ docker image ls
REPOSITORY              TAG    IMAGE ID       CREATED          SIZE
nigelpoulton/qsk-book   1.0    e4477597d5e4   3 minutes ago    177MB
```

Transférez l'image vers Docker Hub. Cette étape ne fonctionnera que si vous avez un compte Docker Hub. N'oubliez pas de remplacer votre identifiant Docker Hub.

```
$ docker image push nigelpoulton/qsk-book:1.0

f4576e76ed1: Pushed
ca60f24a8154: Pushed
0dcc3a6346bc: Mounted from library/node
6f2e5c7a8f99: Mounted from library/node
6752c6e5a2a1: Mounted from library/node
79c320b5a45c: Mounted from library/node
e4b1e8d0745b: Mounted from library/node
1.0: digest: sha256:7c593...7198f1 size: 1787
```

Chapitre 6: Exécuter une application sur Kubernetes

Répertoriez les nœuds de votre cluster K8s.

```
$ kubectl get nodes
NAME                           STATUS   ROLES    AGE   VERSION
lke16405-20053-5ff63e4400b7    Ready    <none>   5m    v1.22.0
lke16405-20053-5ff63e446413    Ready    <none>   5m    v1.22.0
```

La commande suivante doit être exécutée à partir de la racine du référentiel GitHub. Si vous êtes actuellement dans le répertoire App, vous devrez exécuter la commande “cd ..” pour sauvegarder un niveau.

Déployez l’application définie dans `pod.yml`.

```
$ kubectl apply -f pod.yml
pod/first-pod created
```

Vérifiez que le Pod est en cours d’exécution.

```
$ kubectl get pods
NAME        READY   STATUS    RESTARTS   AGE
first-pod   1/1     Running   0          8s
```

Obtenez des informations détaillées sur le pod en cours d’exécution. La sortie a été tronquée.

```
$ kubectl describe pod first-pod

Name:          first-pod
Namespace:     default
Node:          docker-desktop/192.168.65.3
Labels:        project=qsk-book
Status:        Running
IPs:
  IP:  10.1.0.11
<Snip>
```

Déployez le service. Utilisez `svc-local.yml` si vous exécutez un cluster sur votre ordinateur portable. Utilisez `svc-cloud.yml` si votre cluster est dans le cloud.

```
$ kubectl apply -f svc-cloud.yml'
service/cloud-lb created
```

Vérifiez l'IP externe (IP publique) du Service. Votre service n'aura une IP externe que s'il s'exécute sur un cloud.

```
$ kubectl get svc
NAME       TYPE           CLUSTER-IP      EXTERNAL-IP     PORT(S)
cloud-lb   LoadBalancer   10.128.29.224   212.71.236.112  80:30956/TCP
```

Vous pouvez vous connecter à l'application via votre navigateur. Pour des informations détaillées, reportez-vous au chapitre 6.

Exécutez les commandes suivantes pour supprimer le pod et le service.

```
$ kubectl delete svc cloud-lb
service "cloud-lb" deleted

$ kubectl delete pod first-pod
pod "first-pod" deleted
```

Chapitre 7 : Ajout de l'auto-guérison

Exécutez la commande suivante pour déployer l'application spécifiée dans `deploy.yml`.

```
$ kubectl apply -f deploy.yml
deployment.apps/qsk-deploy created
```

Vérifiez l'état du déploiement et des pods qu'il gère.

```
$ kubectl get deployments
NAME         READY   UP-TO-DATE   AVAILABLE   AGE
qsk-deploy   5/5     5            5           4m

$ kubectl get pods
NAME                         READY   STATUS     RESTARTS   AGE
qsk-deploy-6999...wv8        0/1     Running    0          4m
qsk-deploy-6999...9nl        0/1     Running    0          4m
qsk-deploy-6999...g8t        0/1     Running    0          4m
qsk-deploy-6999...xp7        0/1     Running    0          4m
qsk-deploy-6999...l7f        0/1     Running    0          4m
```

Supprimez l'un des pods. Vos Pods auront des noms différents.

```
$ kubectl delete pod qsk-deploy-69996c4549-r59nl
pod "qsk-deploy-69996c4549-r59nl" deleted
```

Répertoriez les pods pour voir le nouveau pod Kubernetes démarré automatiquement.

```
$ kubectl get pods
NAME                               READY   STATUS    RESTARTS   AGE
qsk-deploy-69996c4549-mwl7f        1/1     Running   0          20m
qsk-deploy-69996c4549-9xwv8        1/1     Running   0          20m
qsk-deploy-69996c4549-ksg8t        1/1     Running   0          20m
qsk-deploy-69996c4549-qmxp7        1/1     Running   0          20m
qsk-deploy-69996c4549-hd5pn        1/1     Running   0          5s
```

Chapitre 8: Mise à l'échelle d'une application

Modifiez le fichier `deploy.yml` et changez le nombre de répliques de 5 à 10. **Enregistrez vos modifications**.

Renvoyez le déploiement à Kubernetes.

```
$ kubectl apply -f deploy.yml
deployment.apps/qsk-deploy configured
```

Vérifiez l'état du déploiement.

```
$ kubectl get deployment qsk-deploy
NAME         READY   UP-TO-DATE   AVAILABLE   AGE
qsk-deploy   10/10   10           10          4h43m
```

Réduisez l'application à l'aide de `kubectl scale`.

```
$ kubectl scale --replicas 5 deployment/qsk-deploy
deployment.apps/qsk-deploy scaled
```

Vérifiez le nombre de Pods.

```
$ kubectl get pods
qsk-deploy-bbc5cf95d-58r44   1/1     Running   0          4h55m
qsk-deploy-bbc5cf95d-6bqmk   1/1     Running   0          4h37m
qsk-deploy-bbc5cf95d-npk4c   1/1     Running   0          4h55m
qsk-deploy-bbc5cf95d-plcj2   1/1     Running   0          4h55m
qsk-deploy-bbc5cf95d-ps9nt   1/1     Running   0          4h37m
```

Modifiez le fichier `deploy.yml` et redéfinissez le nombre de répliques à 5 et **enregistrez vos modifications**.

Chapitre 9: Effectuer une mise à jour progressive

Modifiez le fichier `deploy.yml` et changez la version de l'image de `1.0` à `1.1`.

Ajoutez les lignes suivantes dans la section `spec`.

```
minReadySeconds: 20
strategy:
  type: RollingUpdate
  rollingUpdate:
    maxSurge: 1
    maxUnavailable: 0
```

Sauvegardez les modifications.

Appliquez le fichier YAML mis à jour à Kubernetes.

```
$ kubectl apply -f deploy.yml
deployment.apps/qsk-deploy configured
```

Vérifiez l'état de la mise à jour progressive.

```
$ kubectl rollout status deployment qsk-deploy
Waiting to finish: 1 out of 5 new replicas have been updated...
Waiting to finish: 1 out of 5 new replicas have been updated...
Waiting to finish: 2 out of 5 new replicas have been updated...
<Snip>
```

Nettoyage en supprimant les objets Déploiement et Service.

```
$ kubectl delete deployment qsk-deploy
deployment.apps "qsk-deploy" deleted

$ kubectl delete svc cloud-lb
service "cloud-lb" deleted
```

Terminologie

Ce glossaire définit certains des termes les plus courants liés à Kubernetes utilisés dans le livre. Je n'ai inclus que les termes utilisés dans le livre. Pour une couverture plus complète de Kubernetes, voir **Le livre sur Kubernetes**.

Contactez moi si vous pensez que j'ai omis de quoi que ce soit d'important :

- https ://nigelpoulton.com/contact-us
- https ://twitter.com/nigelpoulton
- https ://www.linkedin.com/in/nigelpoulton/

Comme toujours... Je sais que certaines personnes sont passionnées par leurs propres définitions des termes techniques. Je suis d'accord avec ça, et je ne dis pas que mes définitions sont meilleures que celles des autres - elles sont juste là pour être utiles.

Terme	Définition (selon Nigel)
Serveur API	Fait partie du plan de contrôle K8s et s'exécute sur les nœuds maîtres. Toutes les communications avec Kubernetes passent par le serveur API. Les commandes et les réponses `kubectl` passent par le serveur API.
Conteneur	Une application packagée pour s'exécuter sur Docker ou Kubernetes. En plus de contenir une application, chaque conteneur est un système d'exploitation virtuel avec sa propre arborescence de processus, son propre système de fichiers, sa mémoire partagée, etc.
Cloud-natif	Ce terme est très utilisé et signifie différentes choses pour différentes personnes. Personnellement, je considère qu'une application est *cloud-native* si elle peut s'auto-réparer, évoluer à la demande, effectuer des mises à jour et des restaurations continues. Ce sont généralement des applications dans des microservices et s'exécutent sur Kubernetes.

Terme	Définition (selon Nigel)
Runtime conteneur	Logiciel de bas niveau s'exécutant sur chaque nœud du cluster et responsable de l'extraction des images de conteneur, ainsi que du démarrage et de l'arrêt des conteneurs. Le runtime de conteneur le plus célèbre est Docker, cependant, **containerd** devient le runtime de conteneur le plus populaire utilisé par Kubernetes.
Contrôleur	Processus du système de contrôle s'exécutant comme une boucle de réconciliation surveillant le cluster et apportant les modifications nécessaires pour que l'état observé du cluster corresponde à l'état souhaité.
Stockage du cluster	Fonctionnalité du système de contrôle qui contient l'état du cluster et des applications.
Déploiement	Contrôleur qui déploie et gère un ensemble de pods sans état. Effectue des mises à jour et des restaurations continues, et peut s'auto-réparer.
État souhaité	À quoi devraient ressembler le cluster et les applications. Par exemple, l'*état souhaité* d'un microservice d'application peut être 5 répliques du conteneur xyz à l'écoute sur le port 8080/tcp.
K8s	Manière abrégée d'écrire Kubernetes. Le 8 remplace les huit caractères dans Kubernetes entre le "K" et le "s". Prononcé "Kates". La raison pour laquelle les gens disent que la petite amie de Kubernetes s'appelle Kate.
kubectl	Outil de ligne de commande Kubernetes. Envoie des commandes au serveur d'API et l'état des requêtes via le serveur d'API.
Kubelet	L'agent Kubernetes principal s'exécutant sur chaque nœud du cluster. Il surveille le serveur API pour les nouvelles affectations de travail et maintient la remontée d'inofrmation.

Terme	Définition (selon Nigel)
Label	Métadonnées appliquées aux objets pour le regroupement. Par exemple, les services envoient du trafic aux pods en fonction des libels correspondants.
Fichier manifeste	Fichier YAML contenant la configuration d'un ou plusieurs objets Kubernetes. Par exemple, un fichier manifeste de service est généralement un fichier YAML qui contient la configuration d'un objet de service. Lorsque vous publiez un fichier manifeste sur le serveur API, sa configuration est déployée sur le cluster.
Maître	Nœud du cluster exécutant les services du système de contrôle. Le cerveau d'un cluster Kubernetes. Vous devez en déployer 3 ou 5 pour une haute disponibilité.
Microservices	Un modèle de conception pour les applications modernes. Les fonctionnalités de l'application sont divisées elles-même en petites applications (microservices/conteneurs) et communiquent via des API. Ils travaillent ensemble pour former une application utile.
Nœud	Également appelé nœud de travail. Les nœuds d'un cluster qui exécutent des applications utilisateur. Il doit exécuter le processus kubelet et un runtime de conteneur.
État observé	Également appelé *état actuel* ou *état réel*. La vue la plus récente du cluster et des applications en cours d'exécution.
Orchestrateur	Un logiciel qui déploie et gère des applications de microservices. Kubernetes est l'orchestrateur de facto des applications de microservices basées sur des conteneurs.
Pod	Un wrapper mince qui permet aux conteneurs de s'exécuter sur Kubernetes. Défini dans un fichier YAML.

Terme	Définition (selon Nigel)
Boucle de réconciliation	Un processus de contrôle surveillant l'état du cluster, via le serveur API, s'assurant que l'état observé correspond à l'état souhaité. Le contrôleur de déploiement s'exécute comme une boucle de réconciliation.
Service	Capital "S". Objet Kubernetes pour fournir un accès réseau aux applications s'exécutant dans les pods. Peut s'intégrer aux plates-formes cloud et fournir des équilibreurs de charge accessibles sur Internet.
YAML	Yet Another Markup Language. Les fichiers de configuration de Kubernetes sont écrits avec ce format.

www.ingramcontent.com/pod-product-compliance
Lightning Source LLC
LaVergne TN
LVHW080101070326
832902LV00014B/2350

* 9 7 8 1 9 1 6 5 8 5 0 8 9 *